**SOLO
LA FE
NOS
ALUMBRA**

Papel certificado por el Forest Stewardship Council®

Primera edición: marzo de 2025

© 2025, Damián María Montes
© 2025, Penguin Random House Grupo Editorial, S. A. U.
Travessera de Gràcia, 47-49. 08021 Barcelona

Penguin Random House Grupo Editorial apoya la protección de la propiedad intelectual. La propiedad intelectual estimula la creatividad, defiende la diversidad en el ámbito de las ideas y el conocimiento, promueve la libre expresión y favorece una cultura viva. Gracias por comprar una edición autorizada de este libro y por respetar las leyes de propiedad intelectual al no reproducir ni distribuir ninguna parte de esta obra por ningún medio sin permiso. Al hacerlo está respaldando a los autores y permitiendo que PRHGE continúe publicando libros para todos los lectores. De conformidad con lo dispuesto en el artículo 67.3 del Real Decreto Ley 24/2021, de 2 de noviembre, PRHGE se reserva expresamente los derechos de reproducción y de uso de esta obra y de todos sus elementos mediante medios de lectura mecánica y otros medios adecuados a tal fin. Diríjase a CEDRO (Centro Español de Derechos Reprográficos, http://www.cedro.org) si necesita reproducir algún fragmento de esta obra. En caso de necesidad, contacte con: seguridadproductos@penguinrandomhouse.com.

Printed in Spain – Impreso en España

ISBN: 978-84-253-6818-9
Depósito legal: B-632-2025

Compuesto en Grafime, S. L.
Impreso en Gráfica 94 de Hermanos Molina
Sant Quirze del Vallès (Barcelona)

GR 68189

DAMIÁN MARÍA
MONTES
@damianmariavoz

SOLO LA FE NOS ALUMBRA

El ejercicio de la fe
en la vida cotidiana

Grijalbo

*A ti,
que buscas sentido
y recorres junto a otros
el camino de la vida*

ÍNDICE

INTRODUCCIÓN: SOLO LA FE NOS ALUMBRA 10

LA PREPARACIÓN: TRES ESENCIALES PARA EL CAMINO 13
Lección 1: El don de la vida 17
Lección 2: La dignidad humana 23
Lección 3: El don de la fe 29

PRIMERA ETAPA: «LA INFANCIA ESPIRITUAL» 37
Lección 4: El silencio y el símbolo 41
Lección 5: Dios 49
Lección 6: La casa común 57
Lección 7: La oración 63
Lección 8: El desafío de la tecnología 71
Lección 9: La educación 77
Lección 10: El hecho religioso 85

SEGUNDA ETAPA: «ADOLESCENCIA Y JUVENTUD ESPIRITUAL» 93
Lección 11: Diálogo fe y razón 97
Lección 12: El problema de la ideología 103
Lección 13: Libertad y responsabilidad 113

Lección 14: La vocación	119
Lección 15: El amor y la sexualidad	125
Lección 16: El problema del mal	135
Lección 17: Pobreza y solidaridad	141

TERCERA ETAPA: EL «DESIERTO» DE LA MADUREZ 149

Lección 18: Proyecto de familia	153
Lección 19: Mujer, homosexualidad y divorcio	159
Lección 20: El trabajo (y la vida comunitaria)	167
Lección 21: El dinero	173
Lección 22: El poder	179
Lección 23: La crisis	185
Lección 24: La soledad no deseada	191
Lección 25: La enfermedad	197

LA META: «PUERTA SANTA» DE LA ESPERANZA 203

Lección 26: El misterio de la muerte	207
Lección 27: El más allá	213

CONCLUSIÓN 217
REFERENCIAS BIBLIOGRÁFICAS 219

INTRODUCCIÓN: SOLO LA FE NOS ALUMBRA

Queridos lectores: he pensado en vosotros con cada palabra escrita en este libro. He tenido presentes a cuantos me habéis interpelado sobre cuestiones de fe a lo largo de mi vida y he tratado con humildad y honestidad de responder a esos interrogantes, en muchos casos compartidos. A partir de esa premisa, el libro que tenéis en vuestras manos no es más que un ejercicio, una senda recorrida en primera persona con luces y con sombras, con certezas y con muchos espacios aún por iluminar. Un camino nunca resuelto, siempre por recorrer. En todo eso piensa uno cuando trata de poner palabras a un itinerario espiritual que cuenta con revelaciones y misterios a partes iguales.

La conciencia me pide que deje claro aquí y ahora que este libro no pretende ser un ejercicio teológico. Más bien se trata de una lectura personalísima de la realidad iluminada por el don de la fe, pero no de cualquier realidad, sino la de todo aquel que se dispone a caminar dejándose guiar por la esperanza. Aquí descubrirás también una mirada encarnada sobre la vida cotidiana como el espacio y el tiempo que nos pide a gritos la práctica del servicio y del amor. Es, en definitiva, la propuesta que os hago para ejercitar la experiencia de la fe en el día a día. ¡Eso es! A través de cada lección ponemos la fe en juego y la llevamos al gimnasio de la vida.

Para guiaros en este itinerario espiritual cuyo «tiempo» es «toda la vida», os propongo la imagen del camino. Si me lo permitís, os tomaré de la mano para acompañaros por las diversas etapas que componen nuestra ruta. Primero, cargaremos la mochila y tomaremos conciencia de que este camino solo se puede afrontar provistos con tres bastones de roble: la vida, la dignidad humana y la fe. Después, recorreremos la primera etapa, la «infancia espiritual», para descubrir juntos cómo nace la fe en nosotros. Durante la segunda etapa, reflexionaremos sobre las dinámicas propias de una fe en construcción. A esta etapa la he llamado «adolescencia y juventud espiritual». Más tarde, nos adentraremos en el «desierto de la madurez» para explorar cómo el temor ante algunas cuestiones conflictivas puede transformarse en abrazo. Finalmente, atravesaremos juntos la «puerta santa de la esperanza», reconociendo en ella la meta que es también inicio. ¡Ánimo, caminantes! La fe alumbra nuestro camino.

LA PREPARACIÓN:

TRES ESENCIALES PARA EL CAMINO

Si alguna vez has hecho una peregrinación te habrás dado cuenta de lo importante que es prepararse bien para el camino. El tiempo inmediato a la salida exige un ejercicio interesante de discernimiento (¡oh, discernimiento!), en el que será necesario tomar opciones: qué mochila llevar, cuánto peso total podemos cargar, qué objetos son estrictamente necesarios y de qué debo prescindir, qué remedios llevo ante posibles rozaduras, etc. Los que hemos caminado alguna vez hemos experimentado cómo hasta un gramo de peso extra en la mochila se vuelve insoportable en las fases más duras del camino.

Sirviéndonos de esa imagen, la tarea que me propongo para esta primera parte de nuestro itinerario espiritual es la de determinar aquello de lo que no podemos prescindir para el camino, los fundamentos sobre los que se debe sostener toda experiencia interior y sin los cuales resulta imposible seguir avanzando. A esos fundamentos los he llamado «esenciales», porque nos garantizan el apoyo necesario para caminar con el peso estrictamente necesario. Son tres fundamentos básicos y resistentes que ayudan a soportar el peso de las pruebas más duras del camino espiritual. La experiencia de la Iglesia, que lleva siglos peregrinando, nos enseña, además, que, si uno de estos esencia-

les falta en nuestra mochila, tendremos serias dificultades para continuar el camino.

Los esenciales para el camino espiritual y, por tanto, para el camino de la vida, son tres: la vida, la dignidad humana y la fe.

Lección 1:
El don de la vida

Pienso en el don de la vida como la base más original e innegociable sobre la que todo puede y debe construirse. Pero la vida en sí misma resulta un gran misterio para los hombres y mujeres que tratamos de comprenderla y, más aún, de comprendernos. La vida, con su complejidad, fragilidad y belleza, es el regalo más grande que hemos recibido; un regalo que nos desborda y sobrepasa. Desde niños nos «acostumbramos» a vivir. Nos levantamos cada día, nos disponemos para afrontar los retos propios de cada jornada y vivimos, simplemente, dejándonos llevar; «fluir», dicen ahora. No seré yo el que le haga la guerra a ese «fluir» con el que estoy parcialmente de acuerdo… **Pero vivir es más que fluir. Vivir es también poner algo de conciencia y de voluntad en cada momento para no caer en el error de dejar que la vida pase cerca de mí como si no fuese conmigo.** La vida requiere implicación. Si quieres, podemos llegar a un acuerdo, lo llamaré «fluir activamente». Vivir es fluir con conciencia de por dónde caminamos, de qué gozamos, ante qué nos resistimos, de qué nos construye o qué nos sume en la tristeza. Un fluir sin horizonte puede ser peligroso. ¿Estás de acuerdo? Lo difícil es definir un horizonte liberador que nos lleve a la plenitud y nos haga verdaderamente felices. Entonces, fluir sí, pero implicándonos activamente en el viaje. Vivir, por tanto, es un don precioso que merece nuestra admiración y nuestra conciencia si queremos que transforme verdaderamente nuestra manera de estar en el mundo.

Antes de adentrarnos un poco más en este misterio, es bueno que reflexionemos sobre la realidad del don. ¡Cuántas cosas se nos han dado sin preguntarnos! La vida es el gran regalo que no hemos pedido. Más aún, no hemos hecho nada para merecerla y, sin embargo, se nos da gratuitamente cada segundo de nuestra existencia permitiéndonos respirar, sentir, pensar, amar... Creo que recordar esta dimensión de la vida como un don resulta un ejercicio fundamental para una existencia agradecida, porque nos sitúa ante el mundo desde una perspectiva radicalmente humilde y frágil, pero maravillosa. Gracias a Dios no somos los autores de nuestra propia existencia, ni decidimos cuándo, cómo o dónde nacer. **La vida nos es dada y me gusta contemplarla como un continuo y profundo acto de recepción.** De hecho, cada nuevo día puede convertirse en una oportunidad preciosa **para experimentar el don recibido.**

Sin embargo, no quiero ser ingenuo. El reconocimiento de la vida como un don no es tarea fácil. Mucho a nuestro alrededor nos empuja a ver la vida como algo que debemos controlar, gestionar o, peor aún, explotar. Hemos aprendido a ser tan productivos, a maximizar nuestro tiempo, a alcanzar nuestras metas y objetivos, que corremos el riesgo de olvidar que **la vida no es un objeto que poseemos, sino un regalo que hemos recibido gratis.** Es urgente, me parece a mí, que reflexionemos en profundidad y nos alejemos de esta visión utilitarista de la vida porque nos desconecta de su verdadero sentido y nos lleva a valorarla solo en términos de productividad en lugar de experimentarla como una oportunidad para descubrir, para crecer, para ser felices, para amar y ser amados. Y puede ocurrir que caigamos en un peligro aún más grande: pensar que aquella parte de la vida que no es productiva debe ser descartada o eliminada.

Creo que no me equivoco si subrayo que el valor de la vida radica precisamente en su gratuidad. ¡Y eso es lo que la hace tan valiosa! Como una joya o un tesoro que alguien nos regala, estamos llamados a custodiarla, a protegerla o a darla... para que otros tengan vida. La gratitud aparece entonces como una actitud fundamental ante el misterio de la vida. Cuando comprendemos que todo cuanto nos rodea y todo cuanto somos es un regalo, nuestra mirada se transforma y se ejercita para ver lo que se nos ha dado con agradecimiento, en lugar de enfocarse en las carencias. ¡Claro que la vida trae carencias y dificultades! ¿No son, en parte, lo que la hace única e irrepetible? Podemos y debemos exigirnos una mirada llena de agradecimiento. Todo cambia cuando contemplamos el misterio de la vida desde esta perspectiva. Cambia nuestra manera de vivir, e incluso, la manera de afrontar las dificultades de nuestra existencia. Por eso he pensado en este valor como el primero para adentrarnos en nuestro itinerario espiritual. Si falla este fundamento, es decir, si no se contempla **la vida como un don recibido gratuitamente al que se responde con agradecimiento**, entonces fallará, sin duda, todo el camino.

La gratitud es la actitud natural que brota en el corazón del ser humano ante el reconocimiento del don. Esta actitud nos permite reconocer que la vida es un regalo continuo y nos abre a la plenitud, sacándonos de la insatisfacción crónica que padecemos en algunas etapas de la vida. No olvidemos que la vida y cualquier otro don sobre el que reflexionemos debe pensarse como un proceso. ¡Ningún don se nos entrega completamente acabado y definido! Todos los dones llevan consigo una llamada a adentrarse en un proceso maravilloso de búsquedas, de dudas y de respuestas. La vida no puede contemplarse como una dimensión estática, sino más bien como una realidad en continuo movimiento, cambio, crecimiento... Muchas veces nos resistimos al cambio porque preferimos aferrarnos a lo conocido, a lo que nos resulta seguro.

Pero la vida es una auténtica aventura, quizá sea la gran aventura a la que somos invitados a participar. Cada etapa de nuestra existencia tiene su propio valor y su propia belleza, y resulta imprescindible aprender a vivir agradecidos cada una de ellas, desde la infancia hasta la vejez. ¡Qué bonito charlar con un anciano que vive agradecido por lo vivido y por su etapa presente a pesar de las dificultades propias de su edad! ¡Y qué terrible acercarse a una persona mayor que no ha dejado espacio para el agradecimiento! Para ellos todo son calamidades, tragedias, problemas... Estas personas viven con una tristeza interior y con una amargura tal que se vuelven insoportables para ellas mismas y para cuantos se les acercan. Por supuesto, no hace falta llegar a anciano para descubrir si una persona vive desde el don y la gratuidad o no. Conozco a algunos bastante jóvenes, de esos que, en palabras llanas, te quitan la energía, porque en sus conversaciones solo hay espacio para el resentimiento. Todo está mal fuera de ellos. El mundo funciona mal, su empresa funciona mal, la comunidad en la que viven su fe funciona mal... ¿Se habrán preguntado alguna vez si la razón de tanta negatividad no está dentro de ellos mismos?

Querría continuar reflexionando sobre una condición sumamente interesante de la vida: la fragilidad. La vida es frágil, y esto nos recuerda que somos criaturas dependientes, necesitadas, vulnerables. Si lo pensamos bien, todos somos pobres, pequeños y frágiles. Por mucho que nos adornemos de cosas materiales, la vida se encarga de recordarnos a menudo que no somos más que nadie, porque todos llevamos dentro esta condición inscrita en cada uno de nuestros genes y nos hace mucho bien. El reconocimiento de la vida como un don frágil y finito nos invita a confiar en algo más grande que nosotros mismos. **La vida es frágil, pero está sostenida por un Dios que no nos abandona.**

Teniendo esto en cuenta, podemos dar un paso más preguntándonos por el matiz que la fe aporta a este misterio. Para la fe cristiana la vida no es fruto del azar. No es una casualidad biológica, sino un deseo de Dios. La vida es un sueño que Dios cumple porque todo cuanto existe ha sido llamado a la existencia por amor. La vida es creada, querida y sostenida por un Dios que ni sabe ni puede estar solo, porque es Amor. Él mismo, que desea amar fuera de sí para que su amor no sea autorreferencial, llama a la vida a su creación de la nada. Sobre esta cuestión me gusta mucho la propuesta de Moltmann (ed. 1987), un teólogo alemán que sugiere una teoría llamada «Zimzum». Explicada de forma muy sencilla, disculpen los teólogos especialistas, vendría a ser como una autocontracción de Dios para que pueda existir lo que es distinto de Él. Es sencillo: Dios, que lo ocupa todo, hace espacio dentro de sí, se autocontrae, para que su creación pueda existir; como una madre que engendra misteriosamente dentro de sí una nueva vida. ¿No te parece maravilloso? Dios, que deja espacio a todo para que exista, es la fuente de la vida y quiere que su creación viva plenamente. De alguna manera, todo cuanto vive está llamado a la plenitud, a la comunión con el Creador y con toda la creación. La vida es, en definitiva, más que un proceso fisiológico, un don de amor.

El apóstol San Pablo nos recuerda que nuestra vida tiene su origen y sentido último en Dios porque «en Él vivimos, nos movemos y existimos» (Hch 17, 28), por lo que cada momento de nuestra existencia está llamado a convertirse en una invitación a vivir en sintonía con Él, a reconocer su presencia invisible, pero amorosa, en todo lo que somos y en todo lo que hacemos.

Antes de continuar, quisiera traer aquí otro aspecto importante. La vida es un don comunitario. No vivimos aislados, sino que todo cuanto existe vive misteriosamente unido entre sí. Nosotros mismos, como parte de la creación, nos reconocemos como seres en relación y no podemos vivir de manera plena si nos encerramos en nosotros mismos, si ignoramos las necesidades, los sufrimientos, las alegrías y las esperanzas de quienes nos rodean. Esta visión de la vida nos obliga a crecer en responsabilidad ante el don recibido, porque no se trata de un regalo para guardarlo en una caja fuerte, sino para entregarlo, de modo que otros se beneficien de nuestra propia vida. Así la vida cobra su sentido más pleno cuando se entrega, cuando se convierte en fuente de amor y servicio a los demás. Jesús mismo dirá que «no hay mayor amor que dar la vida por los amigos» (Jn 15, 13), lo cual no significa estar dispuestos a morir por los demás, sino también, y sobre todo, estar dispuestos a vivir para los demás.

Volviendo a la dimensión de la fe como lámpara para la vida, me encanta decir que vivir es saberse habitado por el Espíritu vivificador. ¿Recuerdas la imagen de Dios creando al ser humano de la tierra? Solo cuando Dios sopla su espíritu sobre la figura de barro, esta cobra vida. Sin duda, se trata de una imagen preciosa para pensarnos vivos. Estamos vivos, somos creación viva, porque Dios nos ha regalado su espíritu vivificador. Somos seres habitados por él. Me acuerdo de aquello que canta Simba en *El rey león*: «Él vive en mí». ¡Qué paz nos trae al corazón saber que vivimos porque Dios vive en nosotros! Y, si Dios vive en nosotros, solo nos queda confiar profundamente en que Él se hará cargo de nuestra vida animándonos y sosteniéndonos entre sus brazos. Vivir, por tanto, es, también, un acto de confianza. No podemos entender todo lo que sucede a nuestro alrededor, como tampoco comprendemos todo lo que sucede en nuestro interior, pero podemos descansar en la confianza de que hay un sentido más hondo y profundo de todo cuanto acontece. **Quédate con esto: vivir es confiar.** Confiemos y descansemos en Dios, que sabe infinitamente mejor que nosotros cómo darnos vida. No tienes que cargarte todo el peso de la vida, deja algo en manos de Dios y agradece el don que has recibido. Cuando te adentres voluntariamente en esa experiencia, que es el inicio del recorrido que propongo en este libro, descubrirás cómo la vida se transforma en una gran celebración. ¡Anímate a vivir en plenitud!

Lección 2:
La dignidad humana

Cada ser humano lleva inscrita en el corazón una dignidad infinita, una verdad misteriosa y profunda. Esta convicción nos adentra en el segundo fundamento sobre el que se debe sostener todo verdadero itinerario espiritual. Es fácil que, en medio de nuestras tareas cotidianas, nuestros ojos se acostumbren a ver a las personas como actores de nuestro mundo, como espectadores de nuestro día a día o, peor aún, como meros objetos del escenario por el que nos movemos. Corremos el peligro de olvidar el valor extraordinario de cada ser humano.

Resulta crucial para educar nuestra mirada comenzar a reconocer que la dignidad de cada persona no depende de nada exterior a ella misma, sino que se trata de un valor intrínseco que proviene de un lugar mucho, muchísimo más profundo y misterioso. **El valor de una persona, de toda persona, no depende de sus acciones, de sus logros o de su estatus social.** Esta realidad desafía la perspectiva extendida en nuestro tiempo que valora a las personas por lo que aportan, por su productividad o utilidad. Medimos el valor humano en términos de éxito laboral, de riqueza, de poder o de influencia. ¡Qué peligro!

Y no se trata de una perspectiva peligrosa solo a la hora de reflexionar sobre los otros o sobre la condición humana en general, sino que es peligrosa para nosotros mismos como actores principales de nuestra existencia porque nos genera una presión inmensa al empujarnos constantemente a cumplir con ciertos estándares sociales o económicos. Ocurre así la tragedia de pensar que nuestro valor como personas disminuye si no nos ajustamos a ellos. Estarás de acuerdo conmigo en que esta forma de pensar es profundamente dañina para nosotros mismos y egoísta para reflexionar sobre los demás. Comencemos subrayando entonces la idea ya mencionada de que la dignidad humana no puede ser cuantificada ni condicionada por factores externos.

A propósito de lo que acabo de comentar, déjame reflexionar contigo un momento sobre cómo nos tratamos a nosotros mismos. A menudo somos nuestros peores jueces y nos sentimos constantemente insatisfechos con quienes somos, con nuestros logros o con nuestras debilidades. Sin duda, **la cultura de la autoexigencia y la perfección exagerada nos empuja a buscar sin descanso una especie de «versión idealizada» de nosotros mismos que nunca parece alcanzable**. Nos volvemos incapaces para abrazar nuestra humanidad real, encarnada, frágil y bella a partes iguales. ¡Claro que estamos llamados a ser más y mejores cada uno según sus posibilidades! Pero esta llamada debe estar siempre en una profunda comunión con la realidad que nos habita. Por suerte (por desgracia pensarán algunos) no somos ángeles ni santos (todavía), sino humanos en camino. Este hecho, leído en clave cristiana, nos puede dar algo más de luz, porque la aceptación de nuestra humanidad no significa que debamos conformarnos con nuestra mediocridad o con nuestras fragilidades, renunciando al crecimiento personal. Al contrario, **una verdadera comprensión cristiana de la dignidad humana nos impulsa a desarrollar todo nuestro potencial, pero no desde la presión, la autocrítica, la angustia o el escrúpulo, sino desde la gratitud de una vida reconciliada con la debilidad propia**

y desde el deseo profundo de corresponder al amor que Dios nos tiene. Digamos que se trata de una llamada a la excelencia, pero una excelencia entendida como la realización plena de lo que realmente somos, no como la búsqueda de un ideal externo impuesto por las expectativas del mundo.

La dignidad humana entendida desde la perspectiva que venimos presentando es también fuente de libertad. ¡Qué buena noticia! Cuando comprendemos que nuestro valor no depende de ningún factor externo, cuando entendemos que no valemos según lo que otros digan o piensen de nosotros, nos liberamos de la necesidad de buscar constantemente la aprobación externa. Somos libres para ser nosotros mismos, para vivir con autenticidad, sin miedo al juicio o al rechazo y esta libertad nos permite tomar decisiones más valientes, alineadas con nuestros principios y nuestra vocación, sin preocuparnos tanto por las expectativas sociales. Podríamos decir que sabernos profundamente dignos nos da una libertad que nos capacita para vivir de acuerdo con la verdad que grita en nuestro interior, más allá de los patrones de éxito de nuestro entorno.

Llegados a este punto, te habrás dado cuenta de que la visión de este tercer fundamento como algo inalienable desafía una de las mayores tentaciones de nuestro tiempo: el utilitarismo. Desde esta perspectiva, las personas que no pueden producir (ancianos, enfermos, personas con discapacidad...) son considerados menos valiosos. Pienso, muy al contrario, que **los espacios de fragilidad humana, aquellos en los que las personas son más vulnerables, son ocasiones preciosas para implicarse con la belleza de la dignidad humana, de su diversidad y de su grandeza a pesar de la pequeñez aparente**. Por ejemplo, cuando cuidamos de los que están en situaciones de dependencia o cuando mostramos compasión por los que sufren reconocemos su dignidad y afirmamos con nuestra sola cercanía que su valor es infinito. Por esta razón podemos apuntarnos como una de las actitudes fundamentales que hay que trabajar en nuestros primeros pasos espirituales la actitud del cuidado, especialmente hacia los más vulnerables de nuestra sociedad. Así, nuestro servicio al cuidado de otras personas se convierte en una afirmación de la verdad fundamental que hemos señalado: cada persona es valiosa en sí misma, independientemente de su capacidad para contribuir de manera visible a la sociedad.

Este cuidado que reconoce la dignidad de los más vulnerables tiene implicaciones profundas para nosotros porque nos invita a cuestionar nuestras propias actitudes hacia aquellos que consideramos «diferentes» o «menos dignos». Piensa cuántas veces, queriendo o de manera ya interiorizada, juzgas a los demás por su apariencia, por su situación económica, por sus fallos o, más sutil y complicado aún, por sus delitos... La dignidad humana trasciende todas esas realidades, incluso las más dolorosas e incomprensibles para la lógica humana. Necesitamos aprender a romper con prejuicios arraigados y atrevernos a mirar con ojos hermanos la verdad última de cada persona.

Quizá nos sirva para interiorizar lo que acabo de exponer, pensar que la dignidad humana, además de un don, es también una responsabilidad. **No podemos afirmar nuestro valor intrínseco sin reconocer el de las personas que nos rodean porque seríamos profundamente egoístas.** En este sentido, me gusta repetirme a menudo que «tengo que vivir de tal manera que mi vida no solo refleje mi propia dignidad, sino que promueva y proteja la dignidad de los demás». En el «otro», cualquier «otro», todo «otro», también hay inscrita una dignidad infinita. Por eso el otro debe ser siempre, *a priori*, un regalo para mí.

Aunque ya he adelantado algo, quisiera iluminar este fundamento desde la fe, recogiendo el testigo del título de la obra. Sin duda, la propuesta antropológica cristiana supone una luz grande para la comprensión de la dignidad humana. Se afirma de la persona que es criatura de Dios: «Y creó Dios al ser humano a su imagen; a imagen de Dios lo creó, hombre y mujer los creó» (Gn 1, 27). Toda la raza humana, todos los hombres y mujeres que pisan la tierra han sido soñados, diseñados y creados por Dios para servir a su propósito de amor. Esto es profundamente revolucionario, porque significa que cada ser humano, sin importar su situación, habilidades o defectos, refleja algo de lo divino. No somos simples criaturas biológicas ni entes destinados a cumplir funciones a modo de un robot, sino que llevamos en nuestro ser la huella de Dios. **¡Hay algo de Dios en cada persona! Por esta razón el valor de todo ser humano es inmenso e inmutable.** Somos valiosos por el hecho de haber sido llamados a la existencia por un Dios que nos ama.

Es bueno recordar, además, que no necesitamos hacer nada para ganar el amor de Dios o para merecer más dignidad. Somos amados incondicionalmente por encima de nuestras debilidades y poseemos toda la dignidad posible porque Dios nos ha creado a su imagen y semejanza. La verdad de que ningún sufrimiento y ninguna limitación puede disminuir el valor inherente de una persona es particularmente relevante en momentos de crisis personal, porque nos recuerda que nuestra dignidad no depende de nuestro ESTADO sino de nuestra NATURALEZA de hijos de Dios. Vivir desde esta certeza nos da una profunda paz interior porque nos recuerda que nuestras heridas y errores no nos definen y nos invita a sanar esas heridas y a crecer abrazando la verdad de que somos amados gratuitamente por Dios. Él conoce la «piedra preciosa» que llevamos dentro, solo debemos animarnos a pulir el diamante que en realidad somos; eso sí, la manifestación de nuestro diamante interior exige el esfuerzo por vivir a la altura de lo que ya somos: tesoros.

Basta mirar a Jesús para descubrir cómo él muestra con su ejemplo que la dignidad no está limitada por ningún tipo de condición de las personas, ni física, ni social, ni moral. Él se acerca sin complejos a los pobres, a los enfermos y a los que su contexto histórico marginaba, y lo hace no solo para curar sus dolencias físicas sino, sobre todo, para restaurar su dignidad. Son maravillosas las escenas del Evangelio en las que «pone al centro» de un grupo a personas consideradas «menos dignas»: mujeres, niños, pobres... Jesús los mira a los ojos, los llama por su nombre y les recuerda con estos gestos que no son números sino personas, hijos amados del Padre.

¡Qué maravilloso sería que aprendiésemos a mirar con los ojos de Cristo! Seríamos capaces de ver más allá de las apariencias o de los fallos y reconocer en cada persona a un hermano que posee en sí mismo un valor intrínseco porque es, como tú y como yo, hijo amado de Dios. Pero, además, nos sentiríamos urgidos a trabajar por la justicia en el mundo para que los derechos fundamentales de las personas fuesen respetados. En este sentido, podemos decir que la falta de justicia social es una de las formas más graves de negación de la dignidad humana. Durante siglos, la Doctrina Social de la Iglesia ha subrayado esta conexión poniendo en valor la necesidad de trabajar por una sociedad más justa donde cada persona pueda vivir conforme a su dignidad. Este compromiso no es una cuestión accidental o secundaria para los cristianos, no es opcional. Es parte de la vocación recibida por el bautismo; es decir, si nos llamamos cristianos, discípulos del Señor, debemos imitarlo también en su búsqueda de un mundo más justo, donde recuperen la dignidad aquellos a los que les ha sido arrebatada.

Para terminar esta lección te invito a que dediques unos minutos a leer y meditar dos textos preciosos del Evangelio: el encuentro con la mujer adúltera (Lc 7, 36-50) y la parábola del buen samaritano (Lc 10, 25-37). Puedes escribir qué te sugieren a la luz de lo que hemos compartido en este tema. ¡Ánimo y adelante! Recuerda que eres una criatura profundamente amada por Dios.

Lección 3:
El don de la fe

Nos detenemos ahora en nuestro tercer y último fundamento. Recordemos que estamos considerando como esenciales aquellos fundamentos que resultan imprescindibles, de algún modo innegociables, y a los que se necesita prestar todo el respeto posible para que lo que se construya sobre ellos, que es una vida plena, no se venga abajo. Si tratamos de adentrarnos en un itinerario espiritual, no solo vital, necesitamos contar entre nuestros esenciales con el don de la fe.

Para la mayoría de las personas, la fe es un salto al vacío alejado de la experiencia racional. Sin embargo, la fe va mucho más allá de esa visión. Ciertamente, la fe es confianza, pero déjame corregir el pensamiento común: no es una confianza ciega. Más bien se trata de confianza en lo que otros han visto y oído. Tener fe, en cristiano, es creer que la palabra anunciada por Jesús mismo y por los apóstoles, recogida en los evangelios, es verdad. Por tanto, no se trata de lanzarse al vacío ciegamente, sino confiar en que lo que aquellos vieron y experimentaron es cierto y nos ilumina hoy. Aquellos vieron a Jesús predicando, curando a enfermos, abrazando a los marginados de su tiempo, criticando duramente las estructuras religiosas y políticas del momento... pero también lo vieron morir injustamente y, más aún, lo vieron vivo y resucitado.

Es bueno recordar que la fe se define también como un don, como algo inscrito en nuestro corazón. Quizá sea el don más profundo y transformador de cuantos conocemos. **Al igual que el don de la vida o el de la dignidad humana, la fe es un regalo que se nos ofrece libremente, pero necesita nuestra aceptación.** A lo largo de mi vida, muchas personas me han dicho expresiones parecidas a esta: «Yo quisiera tener fe, pero no la tengo». Tratando de comprender qué podía pasar en las personas que afirman su no fe, llegué a la conclusión de que les faltaba solo un paso que yo llamo «dar permiso». Te lo explico.

Me gusta mucho decir que el Dios cristiano no es como la «vieja del visillo», no «estalkea» nuestra vida desde un horizonte desconocido, no es cotilla ni chismoso; es un Dios tan profundamente respetuoso que necesita que le demos permiso para actuar en nosotros. Por esta razón, aunque el don de la fe habita misteriosamente en todos nosotros, solo algunos son capaces de disfrutarlo: los que se atreven a ponerlo en juego. Cuando, de alguna manera, le decimos a Dios «pasa y haz de mí lo que tú quieras», Él se cuela en cada rincón de nuestra vida. La fe, entonces, necesita algo de voluntad, un movimiento interior por nuestra parte: darle permiso para actuar en nosotros. Al abrir la puerta de nuestro corazón o una rendija, aunque sea pequeñita, Dios entra y nos regala sus dones sobreabundantemente. En ese momento la fe se vuelve luz en medio de la oscuridad y guía para el camino de la vida. De hecho, una vida sin fe puede convertirse en un camino incierto y caótico, sin un propósito claro. **Con la fe descubrimos el sentido profundo de todo cuanto existe y nuestro propósito en la vida se ilumina trascendiendo nuestras circunstancias inmediatas.**

Sin embargo, la fe no es simplemente una creencia de orden intelectual, sino, sobre todo, existencial. Es una relación viva y dinámica con la trascendencia, con Dios. El Catecismo de la Iglesia Católica, de hecho, la define como «la adhesión personal del hombre a Dios» (CIC 176), lo cual pone de manifiesto que es mucho más que aceptar una serie de verdades doctrinales. Se trata de una entrega confiada de la propia vida a Dios para que Él guíe nuestros pasos, reconociéndolo presente y activo en nuestra historia, incluso cuando no podemos verlo o entenderlo completamente. A propósito de esto último, déjame recordarte que la fe tiene mucho de misterio, Dios mismo es misterio, pero no significa que no se pueda saber nada de él. Todo misterio está ahí para ser descifrado poco a poco.

Ciertamente, la fe es un misterio porque no logramos nunca poseerla y aprehenderla plenamente. No se trata de una certeza absoluta o de una fórmula mágica que elimina todas las dudas. Más bien, la fe es amiga de la duda. Siempre que alguien me dice que tiene dudas de fe lo felicito, porque no hay nada más bello para la fe que reconciliarse con las dudas. O, por el contrario, nada más sospechoso que una persona que solo vive de certezas y seguridades... **En su esencia, la fe nos invita a abrazar la incertidumbre con confianza.** En muchas ocasiones creemos que la fe debería proporcionarnos respuestas claras e inmediatas a las preguntas que nos inquietan. Sin embargo, nos ofrece algo mucho más profundo: la confianza en el Dios que nos acompaña, aun cuando no vemos claro el camino. Por tanto, la fe no elimina los momentos de duda, sino que nos sostiene en medio de ellos y nos invita a seguir confiando, incluso cuando parece no haber un horizonte claro.

Si acogemos el don de la fe, esta se convierte en una brújula que nos orienta hacia lo esencial, hacia lo que realmente importa. En sí misma, la fe sugiere al ser humano un horizonte de sentido y esto es una buenísima noticia. ¡Solo la fe nos alumbra! Nos da una nueva perspectiva sobre la vida, nos permite ver más allá de las apariencias y nos invita a vivir cada momento con gratitud, como parte de un camino de plenitud. A pesar de los rincones oscuros que puedan manifestarse, nuestra vida queda siempre iluminada por su acción.

Quisiera traer a este espacio un correctivo para las personas que solo viven de certezas y que, por tanto, no dejan actuar a la fe en ellas con toda su fuerza. Es bueno que tengan presente que la fe no es algo estático, no es un estado que alcanzamos de una vez para siempre. Al contrario, es un camino de crecimiento continuo, un proceso dinámico de transformación interior. Ante este proceso no caben las certezas cerradas, sino la búsqueda constante de respuestas a las dudas con las que nos vamos reconciliando. Casi siempre, la fe crece paradójicamente en los momentos de mayor incertidumbre, cuando nos vemos obligados a confiar en Dios de manera más radical, porque no tenemos otra opción. A modo de anécdota, cuentan que «todos son ateos hasta que el avión comienza a caerse». Más allá de la exageración de este dicho popular, encontramos una verdad profunda: el corazón humano recurre instintivamente a la fe como un lugar firme ante las dificultades de la vida. En esos momentos, la fe trae paz al corazón y luz al entendimiento, y nos permite acoger con más serenidad y sabiduría los avatares de nuestra propia existencia.

He dicho más arriba que la fe es un proceso dinámico. En la vida de fe se crece continuamente. Por esa razón, esta dinámica requiere de nosotros una apertura constante al don recibido. Recuerda que la fe no es algo que podamos crear por nuestra cuenta; se trata de un don que se nos ha dado y que, después de permitirle su acción en nosotros, debe ser alimentado tenazmente con todos los medios posibles: la oración, la vida en comunidad, el servicio a los hermanos o los sacramentos. Una fe que no va al gimnasio (si se me permite la expresión) se atrofia. Por eso he elegido el subtítulo para esta obra subrayando la idea del «ejercicio». **La fe necesita práctica constante, ejercicio en la vida cotidiana para verse fortalecida. Es un don,**

pero es, también, tarea. De hecho, la fe auténtica nos debería llevar al compromiso, al deseo activo de transformar el mundo.

No podemos decir que tenemos una fe tan personal que la vivimos exclusivamente en la privacidad de nuestra casa o de nuestro corazón. La fe, si es real, nos debe mover a ser instrumentos de Dios para la construcción de un mundo más justo y bello. La fe nos llama a ser agentes de justicia, de paz y de amor, y nos invita a comprometernos con los demás, especialmente con los más vulnerables, trabajando por un mundo más humano. Sin embargo, este compromiso con el mundo no surge de una simple obligación moral, sino de una respuesta de amor al amor que hemos recibido gratis por la fe. Cuando experimentamos el amor incondicional de Dios, que se nos ha dado absolutamente gratis («por pura gracia», se dice técnicamente), no podemos quedarnos indiferentes ante el sufrimiento de los demás. Si la fe ha iluminado nuestra vida, deseamos que ilumine la de cuantos atraviesan algún espacio de oscuridad, de dolor, de sufrimiento o de vulnerabilidad. El servicio a los demás, que puede manifestarse de muchas maneras, es la expresión concreta de una fe encarnada, es la forma de hacer visible el amor de Dios en el mundo.

Llegados a este punto podemos dar un paso más, crucial, en nuestro itinerario espiritual. Si hemos permitido a la fe actuar en nosotros, si ya le hemos abierto la puerta y nos hemos decidido a alimentarla mediante la oración, la vida en comunidad o los sacramentos... entonces nos queda preguntarnos cómo protegerla. ¿Qué podemos hacer para no perder la fe? Me acuerdo aquí de otra anécdota que he repetido muchísimas veces. Tras unas declaraciones del Papa Francisco que resultaron polémicas para muchos (no para mí), una mujer se me acercó y me dijo: «Este Papa me va a quitar la fe». Instintivamente le respondí: «Gracias a Dios a mí me la aumenta. Pero, además, señora, si el Papa puede quitarle la fe, pregúntese dónde la ha puesto». Me parece del todo evidente que si perdemos la fe por lo que un Papa pueda decir es que no la hemos puesto donde tiene que estar. Quizá aquella señora tenía puesta la fe en las palabras del Papa y no en Dios. La fe solo puede sostenerse sobre un pilar: Dios. Cuando se pone en Dios, y solo en él, si un Papa ayuda a que mi fe crezca, bendito sea; si por casualidad, no me ayuda, bendito sea. Dios sabe más que yo y mi fe sigue firme en él, que es quien ha sugerido a la Iglesia el Papa que debe guiarla en cada momento de la historia. ¡Cuánta humildad nos exige la fe!

Por tanto, si no quieres perder la fe en los momentos de debilidad o ante los escándalos provocados por algún creyente o por tu comunidad o por tu propia fragilidad... ponla en Dios. Solo en él. Vendrán tormentas, vientos y mareas, pero la casa de tu fe seguirá firme sobre su roca. Te invito a leer Mt 7, 24-27. Deja que esta parábola de Jesús ilumine el don de la fe que llevas inscrito en el corazón y pregúntate: «¿Dónde tengo puesta mi fe?». Dale permiso para actuar en ti y custódiala como un tesoro. Te abrirá nuevos horizontes.

PRIMERA ETAPA:

«LA INFANCIA ESPIRITUAL»

Provistos con lo esencial, nos disponemos ahora a recorrer la primera etapa del camino que he llamado la «infancia espiritual». Si tienes cierta iniciación en la vida de fe, quiero aclararte que, con esta expresión, no me refiero a la elección consciente de permanecer en una especie de «infancia interior» que nos permite reconocernos pequeños y necesitados ante el Padre Dios. Esto es lo que sugiere, por ejemplo, Santa Teresita del Niño Jesús y lo que persigue para su vida de fe: permanecer siempre niña.

Aunque tendremos presente esta perspectiva, yo señalo hacia esta expresión desde otro enfoque: la infancia espiritual como el INICIO del proceso, como todo aquello que puede y debe trabajarse en una primera etapa del camino de la vida. En esta etapa aparecen todas las cuestiones que pueden ayudarnos a nacer espiritualmente y a dar los primeros pasos en la fe. Está claro entonces que no tiene por qué coincidir con la infancia física, con los años en los que somos niños, sino que remite a todo inicio de la vida espiritual, tengas la edad que tengas. Ciertamente, los que, siendo niños, han sido acompañados en el nacimiento y el ejercicio de la fe, se han capacitado antes para comprender sus misterios, pero nunca es tarde. Además, hay personas que jamás se han acercado a la experiencia de la fe u otras que se creen ya adultas espiritualmente, pero necesitan con urgencia volver al inicio del camino. Pensando en todas ellas he escrito estas primeras lecciones.

En este sentido, si lees este libro con ojos de padre, madre, tutor o educador, puedes descubrir en las siguientes páginas algunas cuestiones que podrías trabajar durante la infancia de los niños a tu cargo. Por el contrario, si te acercas a este itinerario porque eres tú el peregrino, entonces recibe las primeras reflexiones como un horizonte para nacer y para dar los primeros pasos en la fe.

Lección 4:
El silencio y el símbolo

La vida espiritual, como todo proceso humano profundo, requiere espacios en los que podamos escuchar el misterio, y esta actitud de escucha puede ser aprendida y ejercitada desde que tenemos uso de razón, incluso antes. En una sociedad saturada de ruido, información y estímulos constantes, el silencio se ha vuelto un bien escaso, tanto como para que viajar en el vagón del silencio de un tren sea un auténtico privilegio. El hecho de que el silencio se haya vuelto un bien escaso puede parecer algo simple, pero si nos detenemos a reflexionar, nos damos cuenta de que el ruido, tanto exterior como interior, ha colonizado gran parte de nuestra vida. ¿Quién goza hoy de un verdadero silencio sino la persona que se retira fuera de los núcleos urbanos y busca voluntariamente espacios de quietud? La mayoría de nosotros no estamos acostumbrados a vivir en silencio, por eso me encuentro con muchos chavales que, en cuanto se descubren en un entorno donde reina el silencio, a menudo se sienten incómodos, como si algo les faltara. Sin embargo, paradójicamente, es precisamente **ese silencio que puede resultar incómodo al principio, el que necesitamos para redescubrir quiénes somos, para reconectar con nuestra dimensión espiritual y, sobre todo, para abrirnos a la presencia de Dios en nuestra vida.**

A riesgo de parecer reiterativo, me parece importante subrayar la realidad del silencio como bien escaso porque solo así aprenderemos a darle su verdadero valor. Basta con mirar a nuestro alrededor para darnos cuenta de que vivimos en una sociedad que valora la velocidad, la productividad y el entretenimiento constante frente a los momentos de quietud, de calma o de aburrimiento. Estamos acostumbrados a la multitarea, a responder correos mientras escuchamos música, a navegar por redes sociales mientras hablamos con alguien, a ver una película mientras cocinamos o, peor aún, a ver la tele mientras comemos en familia o a estar con el móvil mientras disfrutamos de una tarde de amigos. Yo mismo me he visto envuelto en esta dinámica algunas veces y he tenido que ponerme serio para decidir a qué tareas debo dar prioridad, sin necesidad de adornarlas con otras simultáneas. El problema, aparte del comportamiento adictivo que generan las pantallas, sobre lo que me detendré en otra lección, es que no hemos aprendido a disfrutar del vacío y de la nada. Sé que puede sonar muy místico o extraño, pero es evidente que continuamente tendemos a llenar nuestros espacios de vacío con cualquier cosa. De este modo, todo a nuestro alrededor parece decirnos que el silencio es innecesario e incómodo. Sin embargo, se trata de todo lo contrario: **el silencio es esencial para nuestro bien espiritual y emocional**. A menudo asociamos el silencio con la pasividad, pero nada más lejos de la realidad. El silencio, en su forma más auténtica, es profundamente activo. Es un espacio donde la interioridad se enciende y se despliega, donde las preguntas más importantes emergen, donde las respuestas más profundas pueden ser escuchadas. El silencio es, sin lugar a dudas, la mejor fuente de creatividad, de discernimiento, de encuentro con Dios y con nosotros mismos.

El silencio no es simplemente la ausencia de ruido, sino más bien un estado interior, una disposición de la persona entera que

nos abre a la escucha atenta de la realidad. Es más, en el silencio comenzamos a darnos cuenta de que nuestra vida está llena de signos que nos hablan de la presencia de Dios. Podemos decir que el silencio es, si no la puerta más importante, una de las más importantes para acceder a la realidad trascendente, porque nos capacita para escuchar en profundidad, para discernir adecuadamente y para contemplar con más plenitud los signos y símbolos que se nos presentan en nuestra vida cotidiana. En definitiva, el silencio permite la reflexión y nos introduce en el conocimiento abstracto, absolutamente necesario para adentrarnos en las profundidades del misterio de nuestra existencia. ¿No es este precisamente uno de los rasgos que nos diferencia del resto de las criaturas? ¡Pongámoslo en práctica para ser más humanos!

He mencionado de pasada la realidad del símbolo que va de la mano de la capacidad reflexiva del ser humano. Nos encontramos rodeados de signos y símbolos, pero muchas veces no somos capaces de reconocerlos porque estamos demasiado ocupados con el bullicio exterior o con nuestras propias preocupaciones. Al estar inmersos en una constante actividad, perdemos la capacidad de captar lo profundo, lo trascendente, lo que solo puede ser entendido a través de la contemplación. Pues bien, el símbolo es la forma en que lo inefable, lo divino, Dios, se manifiesta en lo cotidiano. En palabras sencillas, el símbolo es el medio por el que podemos hablar de Dios, puesto que él está siempre más allá de nuestro lenguaje formal y de nuestra razón. Esto quiere decir que, si no aprendemos a captar la realidad simbólica desde pequeños, si no trabajamos nuestra capacidad de abstracción (que no niega en absoluto la razón, sino que la multiplica), muy difícilmente podremos comprender cualquiera de los valores que nos trascienden o gozar de la belleza del lenguaje poético. El amor, la verdad, la paz, la belleza, la justicia, Dios… todo ello exige de nosotros un ejercicio intelectual enorme, un ejercicio de abstracción y de acogida del símbolo que nos permite surcar la profundidad de estos misterios.

Es curioso, los niños, antes de aprender a hablar, se comunican con imágenes, gestos, sonidos y silencios. Su relación con el mundo es simbólica por naturaleza porque captan las cosas no solo en su dimensión literal, sino también en su profundidad. Un niño no necesita explicaciones racionales para comprender el valor de un abrazo, el significado de una mirada o la alegría de una sonrisa. Los adultos, sin embargo, nos hacemos más duros ante ese modo de comunicarnos. Esto quiere decir que, en algún momento, perdemos esa capacidad natural de relacionarnos con el mundo. ¿Qué tal, entonces, si volvemos a ser niños? ¿Qué tal si rescatamos de nuestra experiencia interior ese modo instintivo de comunicarnos? Esa es precisamente la propuesta de muchos contemplativos. De hecho, Santa Teresa del Niño Jesús (ed. 1964) entiende que su vida espiritual da más fruto en la medida en que consigue mantener viva lo que ella llama la «infancia espiritual», es decir, en cuanto se experimenta siempre necesitada, siempre abierta a aprender, siempre sorprendida como una niña pequeña. Sin duda, los niños viven más cercanos a lo simbólico porque todavía no han caído en la trampa de la excesiva racionalización que tantas veces nos impide conocer verdaderamente la realidad.

Podemos entonces definir el símbolo como el puente que une lo visible con lo invisible, lo temporal y lo eterno. En la vida cristiana, por ejemplo, los símbolos están presentes en todo momento con una importancia crucial para la experiencia de la fe: la cruz, el agua, el pan, el vino, el fuego o el aceite, entre otros, son elementos que nos remiten a una realidad mucho más grande. De hecho, la definición de «sacramento» viene de esta realidad: un signo visible que manifiesta una gracia invisible. El signo del pan manifiesta la presencia real pero misteriosa del Cuerpo de Cristo; el agua, el fuego o el aceite, la presencia invisible del Espíritu; la cruz, la entrega de Cristo por amor. Pero, quizá, el amor mismo sea uno de los símbolos con mayúsculas, junto a la naturaleza. Estos dos grandes símbolos, son los que más y mejor nos permiten acceder, siempre limitadamente, al Dios que nos ha dado vida. Para San Francisco de Asís, toda la creación se convierte en un símbolo de la bondad y de la grandeza de Dios. Así el sol, la luna, las estrellas, el agua, el viento o los animalitos nos hablan de Dios, nos invitan a alabarlo por su perfección, reconociendo su presencia en todo lo que nos rodea. La creación, en su belleza y en su fragilidad, es un gran símbolo del amor de Dios por nosotros porque en ella encontramos las huellas del creador. Solo hay que activar la capacidad de ver más allá de lo visible, de ahí la importancia de educar nuestro corazón para ser capaces de captar la grandeza del símbolo, accediendo a él mediante la práctica de la contemplación y el silencio.

Sin embargo, para captar el significado de los símbolos necesitamos cultivar una actitud de apertura, de contemplación y de intimidad con aquello que se quiere conocer. En lugar de querer comprender todo de manera inmediata, el símbolo nos invita a practicar la paciencia, la reflexión y la escucha atenta de la realidad. Nos invita a dejar que el significado de las cosas y de nosotros mismos se despliegue poco a poco, a medida que nos abrimos a la experiencia. En este sentido, el símbolo no se impone, sino que se derrama progresivamente sobre quien se acerca a él, invitándolo a entrar en su misterio y a dejarse transformar por él. Educar en el silencio y en la percepción del símbolo debe ser, por tanto, el inicio de todo itinerario vital que desee, además, desarrollar su dimensión espiritual.

El silencio, por su parte, nos anima a ir más allá de lo visible, más allá de lo inmediato, y abrirnos a la realidad invisible, a ese mundo de lo sagrado que no puede ser comprendido con la mente lógica, sino mediante un conocimiento trascendental. Ese conocimiento puede ejercitarse y practicarse para que nos ayude a descubrir el sentido último de nuestra existencia y la presencia de Dios en nuestra vida, lugares a los que no se puede llegar a través del ruido o de la actividad constante. Se trata de un conocimiento abstracto que no responde al pensamiento discursivo, sino a la intuición, a la contemplación y, finalmente, a la experiencia. De alguna forma, en el silencio, nuestro ser interior se expande y se vuelve más receptivo a lo divino, a lo que no puede ser explicado completamente con palabras, pero que puede ser experimentado como una verdad profundísima en nuestra vida.

Llegados a este punto, me resulta inevitable recordar con cariño una escena que se repetía todas las tardes en la capilla de la casa madre de las Misioneras de la Caridad en Calcuta (India), durante el tiempo que estuve destinado en aquella misión. Esta capilla se encuentra situada en la primera planta de un edificio que da a una calle muy ruidosa. Los que hayan visitado India podrán imaginar a qué grado de ruido me refiero: cláxones de coche constantes, cuervos, motores, gente... Además, las ventanas de esta capilla, como es habitual en muchas casas indias, suelen permanecer abiertas por el calor asfixiante. En esa capilla, y en esas circunstancias, todas las tardes se reúnen los voluntarios que durante el día han prestado su servicio en los diversos centros repartidos por la ciudad. Y se reúnen para orar, para pasar un rato de silencio y de intimidad con Jesús en la Adoración. Pues bien, puedo asegurar que no he experimentado mayor silencio en mi vida que en aquella capilla llena de ruido. Muchos voluntarios teníamos esta misma experiencia. Aquello me demostró que **el silencio es una actitud, un estado interior**, no exterior. A partir de ahí me enamoré más, si cabe, porque ya estaba enamorado, de las experiencias de silencio de los grandes místicos: San Juan de la Cruz (ed. 2007) y Santa Teresa de Jesús (ed. 2017).

San Juan de la Cruz, permíteme llamarlo el místico más grande de todos los tiempos, ya en el siglo XVI hablaba del «silencio místico» como un estado del alma en que se vacía de sí misma y de todas las distracciones para recibir a Dios en toda su plenitud. Ese silencio permite que el alma pueda llegar a «caminar en sola fe», sin ningún adorno, sin ningún conocimiento, sin ningún prejuicio, sin ningún sentimiento... Desde esta perspectiva, el silencio no es una simple ausencia de palabras, sino el gozo de una presencia activa de Dios en el alma. Es un silencio lleno de significado, donde la persona entera encuentra su descanso y su verdadero conocimiento. ¿No te parece fascinante?

Parece entonces que **el silencio no solo es un bien escaso en el mundo exterior como decíamos al principio, sino también y, sobre todo, un bien raro en nuestro mundo interior, que debemos conquistar con esfuerzo y dedicación**. Habrás experimentado muchas veces cómo nos cuesta callar nuestras voces internas, esos pensamientos que corren de un lado a otro, las preocupaciones por el futuro o las heridas del pasado. A menudo nos encontramos atrapados ahí, en medio de un diálogo interminable con nosotros mismos, intentando resolver problemas o buscando respuestas. La propuesta de los grandes místicos es precisamente comenzar serenando ese diálogo interior para apreciar simplemente el don de estar presente aquí y ahora, llenando el silencio de este momento de un significado amoroso: Dios que nos acompaña.

Quizá puedas empezar hoy a ejercitar tu capacidad de silencio y de contemplación. Busca el momento y el lugar oportunos, desconecta de reloj y teléfono, y aprende a estar solo unos minutos cada día. Poco a poco esa soledad y ese vacío se irán llenando de significado.

Lección 5:
Dios

Hasta ahora hemos asentado las bases de todo itinerario espiritual y preparado los accesos al misterio. En esta lección nos disponemos a entrar en él, a definir de qué misterio tratamos cuando hablamos del Dios cristiano. Nos acercamos, por tanto, a la idea de Dios. Es importante que reconozcamos desde el principio que **Dios permanece siempre como un misterio para el ser humano, pero eso no significa que no podamos saber nada de él. De hecho, estamos llamados a conocerlo.** Podemos conocer este misterio, aunque sea con limitaciones.

En primer lugar, para la experiencia cristiana resulta fundamental pensar a Dios no como una idea vaga o una energía impersonal, sino como una persona cercana. Dios no es «algo» completamente abstracto y lejano, sino «alguien» cercano que nos conoce íntimamente y nos ama con un amor que trasciende nuestras limitaciones. Este cambio de perspectiva es importantísimo para acceder a su misterio, porque con las cosas (excepto que no estemos en nuestros cabales) no podemos mantener un diálogo íntimo, personal y amoroso. Yo no puedo dialogar en profundidad con una silla; como mucho, podría sentarme en ella o contemplarla o utilizarla como una pieza artística, pero prevalecerá siempre su condición de objeto. Una silla es una cosa, Dios es persona. Con él puedo dialogar verdaderamente, puedo experimentar su abrazo, siento que me sostiene o me levanta en los momentos de dificultad, percibo que sonríe o llora junto a sus criaturas, siento su presencia o, también, sufro su ausencia.

Evidentemente, para una persona no iniciada en el diálogo con Dios, esto resultará muy extraño y nos acusará de que tranquilizamos nuestra conciencia con un monólogo interior en el que nos imaginamos a Dios como interlocutor. La cuestión es que Dios no es producto de la imaginación, ni se trata de una creación del intelecto. Si fuese así, Dios diría a las personas lo que quieren escuchar, pero no sucede exactamente así. Dios aparece normalmente cuando menos se espera y sugiere pequeñas o grandes certezas que pueden, incluso, romper los esquemas de la propia persona. Lo único que necesita es un corazón preparado y dispuesto a encontrarse con él, a pesar de las dudas. ¿Recuerdas lo de la puerta? Pues eso, solo necesita que la persona le abra un poquito la puerta. El resto es cosa suya. En el encuentro con Dios la persona va dejando de hablar para hacer verdadero silencio y, en ese silencio, Dios se manifiesta de modo certero, aunque misterioso.

Desde el inicio de nuestra existencia llevamos grabada nuestra verdadera identidad, la que nos une a todos los seres humanos de la tierra: somos criaturas, hijos de un Dios que nos ama. Esta verdad, repetida hasta la saciedad por el cristianismo, no siempre se asimila en toda su profundidad. **Ser hijo o hija de Dios no es solo un título, sino una identidad que define toda la existencia, una pertenencia que nos ancla en el amor más incondicional que existe.** Por esta razón el cristianismo denuncia todas las etiquetas posteriores, porque estas solo nos dividen como humanidad. **Si nuestra única y verdadera identidad es ser humanos, hijos de un Dios que nos ama, las etiquetas de pobres y ricos, mujeres y hombres, esclavos y libres, o cualquier otra, solo colaboran en la percepción del otro como**

contrario y no como hermano, hijo de un mismo Dios. Además, como hijos de Dios creados a su imagen y semejanza no solo somos parte de él, sino que participamos de su vida, de su amor y estamos llamados a vivir con la certeza de que somos amados.

Te habrás dado cuenta ya de que la conciencia de hijo o hija de Dios transforma por completo nuestra manera de entender la vida. No somos seres aislados en un universo frío y distante. Nuestra vida tiene un propósito, un sentido profundo, porque tenemos un Padre que nos ha llamado a la existencia por amor. Trabajar esta conciencia cuanto antes nos ayudará mucho en el camino espiritual. Jesús mismo nos invita a vivir con esta certeza cuando nos enseña a llamar a Dios «Padre nuestro». No dice «Padre mío», sino «nuestro», para que crezcamos en el amor al otro, pues somos todos hijos del mismo Padre. Estas dos palabras, tan sencillas y repetidas tantas veces, contienen una verdad inmensa. Al decir «Padre» me dispongo a mantener una relación cercana y directa con Dios. De hecho, la palabra original aramea usada por Jesús es «Abbà», que es la manera en la que los niños llamaban a sus padres. Hoy podríamos decir «papá». Jesús nos invita a mirar así, con confianza, a Dios. Al añadir «nuestro», se pone de manifiesto su deseo de fraternidad universal. No estamos solos en esta relación, sino que formamos parte de una familia, la familia humana, la comunidad de hijos e hijas que comparten la misma dignidad e identidad.

Pero Dios no es solo Padre y nuestro, sino que Jesús mismo nos lo ha presentado con otras cualidades sobre las que podemos pensar en él. En la parábola conocidísima del hijo pródigo (Lc 15, 11-32), Jesús nos muestra a un padre que espera pacientemente el regreso de su hijo, que no guarda rencor ni reproches, sino que corre a abrazarlo y a celebrar su retorno. Ese es el Dios en el que creemos los cristianos, aquel que nos ha revelado su hijo, Jesús: **Dios es un Padre Bueno que está dispuesto siempre a acogernos, a perdonarnos y a restaurar**

nuestra dignidad, sin importar cuántas veces nos hayamos alejado. Dios no lleva cuentas del mal, sino que se preocupa de nuestro regreso. A él le importa nuestro deseo de volver a su lado y al lado de nuestros hermanos.

Ahora bien, a lo largo de mi vida misionera me he encontrado con algunos casos que me obligan a presentar aquí un correctivo. Pensar en Dios como Padre Bueno es, sin duda, reconfortante para la inmensa mayoría de las personas. Sin embargo, en algunos puede despertar resistencias. Nuestras propias experiencias con las figuras paternas humanas a veces distorsionan la imagen de lo que significa la palabra «padre». Me he encontrado con personas a las que esta idea les evocaba autoridad severa, expectativas inalcanzables, abandono o, incluso, violencia. Por eso es importante subrayar el adjetivo «bueno» en el caso de Dios cuando comenzamos a conocerlo. El Dios Padre que Jesús nos manifiesta no es una proyección de nuestras experiencias humanas, de ahí que en algunas ocasiones yo mismo, siguiendo la enseñanza de los papas Juan XXIII, Juan Pablo I o Francisco, haya preferido mostrarlo como Madre. Sin duda, Dios es un Padre-Madre Bueno cuyo amor incondicional no está influido por nuestro comportamiento. Más aún, en la misma parábola del hijo pródigo hay algunos teólogos que, de hecho, descubren actitudes de madre del siglo I en la figura del padre que se nos presenta: el padre de la parábola besa, abraza y tiene entrañas de misericordia para el hijo que ha estado perdido y que ha malgastado su herencia. Sea como sea, podemos pensar a Dios, entonces, como Padre y como Madre buenos y misericordiosos.

Otro aspecto muy importante sobre la idea de Dios es que él mismo se nos manifiesta cercano y lejano al mismo tiempo. En algunas ocasiones lo percibimos cercano, de manera sencilla y accesible, como deseando ser conocido y experimentado en la vida cotidiana. En este sentido, la vida cristiana no es una vida separada de la realidad, sino una vida que reconoce la presencia de Dios en todo cuanto acontece. Sin embargo, en otras muchas ocasiones, Dios parece haberse escondido. En esos momentos lo percibimos lejano, distante, complejo e inaccesible. Ambas manifestaciones son parte de la realidad de Dios y hay que aprender a lidiar con ellas. Hay que gozar cuando lo percibimos cercano y no desesperar cuando se nos presenta distante.

En la Palabra de Dios hay una infinidad de expresiones bellísimas que manifiestan esta experiencia a lo largo de los siglos: «No me escondas tu rostro» (Sal 27, 9), «Dios escondido» (Is 45, 15), «¿Dónde está tu Dios?» (Sal 42, 10), «Dentro de poco ya no me veréis, pero un poco más tarde volveréis a verme» (Jn 16, 16), etc. Resulta muy gratificante para la experiencia espiritual saber que desde el principio de la historia han existido hombres y mujeres que han tenido experiencia de la ausencia de Dios y no se han desesperado, sino que se han mantenido fieles en su búsqueda, aprovechando los momentos en los que se encontraban con él. Dios es así, es presencia y es ausencia, es manifestación clara y ocultamiento, es rostro visible y rostro escondido. A veces sientes que está y otras crees que lo has perdido. En ocasiones lo sientes presente y en otras no sientes nada, y eso es muy bueno. Cuanto antes asumas esta dinámica propia de Dios y te reconcilies con ella, antes aprenderás a disfrutar de la experiencia espiritual en tu vida cotidiana. Los momentos de presencia real de Dios serán de un gozo enorme, te llenarán el corazón y te servirán como ayuda y como recuerdo para los momentos en lo que no sientas nada, que posiblemente sea la mayor parte del tiempo hasta que aprendas, más adelante, a reconocer a Dios en cada detalle de tu vida, incluso en el silencio, la ausencia y la nada.

Damos un paso más para detenernos en Dios mismo, en su realidad íntima. Evidentemente se trata de algo complejo definir a Dios y nunca lo podremos hacer de modo definitivo, pero sí podemos acercarnos a lo que Dios es por lo que Jesús nos ha revelado de él. En el caso del Dios cristiano, revelado por Jesús, hablamos de que, en sí mismo, Dios es Trinidad. Vamos por partes.

Decir que Dios es Trinidad es afirmar que no se trata de un Dios solitario y egocéntrico, sino una comunidad de amor. Dios no es una entidad solitaria, no es un club privado en el que solo hay un inscrito privilegiado, es una relación de personas y es entrega mutua. ¿Por qué sabemos esto? En primer lugar, porque Dios es Amor y siendo esta la verdad central del cristianismo reconocemos que el amor no puede amarse a sí mismo, sino que necesita un tú al que amar. Esta es la clave principal, Dios es Amor en su forma más pura y verdadera, una relación amorosa. Pero ¿quiénes son los que conforman esa relación de amor? Son tres, Padre, Hijo y Espíritu Santo, de ahí la palabra «trinidad», que viene de «trino», tres. Diremos teológicamente: tres personas y un solo Dios. ¿Es esto posible? Te lo explico primero con una imagen casi infantil y, luego, con unas palabras más precisas.

Piensa en una jarra de agua y en tres vasos. La jarra está llena de agua. Vertimos su contenido dividiéndolo en los tres vasos de agua. Un vaso representa al Padre, otro al Hijo y otro al Espíritu Santo. Ahora devolvemos el contenido de los vasos a la jarra y... al mezclarse el agua de los tres vasos resulta imposible definir dónde está el Padre, dónde el Hijo y dónde el Espíritu Santo. Sabemos que están, porque los hemos contrastado en los vasos separados, pero no somos capaces de identificarlos porque ahora son uno solo. La jarra representa a Dios, que abraza el contenido de los tres vasos. ¿Fácil? Otro ejemplo: piensa en tres velitas encendidas que se acercan hasta juntar sus llamas. ¿Sabrías decir cuál es la llama de cada vela? Al juntarse forman una sola llama, sin embargo, esta se nutre de la fuerza de las tres velas... Con estos ejemplos puedes pensar al inicio del camino que, si la posibilidad de que una misma realidad sean tres al mismo tiempo es viable con cosas tan pequeñas, ¿por qué no pensar de la misma forma la idea de Dios? Vamos a un lenguaje un poco más técnico, siempre dentro del carácter sencillo y de divulgación que pretendo en este libro.

Intenta seguir aquí la lógica de la argumentación y verás que no es tan complicado de entender. Si leemos el Evangelio y nos acercamos a la persona de Jesús, descubrimos que él mismo es la puerta de acceso directa al misterio del Dios cristiano. No hay otra. Él se nos ha presentado como Hijo. Esto quiere decir que, si Jesús se comprendía como Hijo, es que tenía conciencia de tener un Padre. De hecho, en algunas ocasiones lo manifiesta con expresiones claras: «el Padre que me ha enviado», «Padre, perdónalos porque no saben lo que hacen», «si me acogéis a mí, acogéis al Padre que me ha enviado». Jesús se sabe Hijo de Dios, enviado, y actúa en consecuencia con su identidad. Pero, además, él mismo nos habla del Espíritu que entrega a sus discípulos: «recibid el Espíritu Santo», «yo pediré al Padre que os envíe su Espíritu Santo». Jesús, por tanto, es quien nos revela el misterio de la Trinidad: un Hijo (Cristo), un Padre y un Espíritu que conforman la única realidad de Dios. Dios es Padre, Dios es Hijo y Dios es Espíritu Santo. Entre estas tres personas solo existe una dinámica de relación: el amor. Y «tanto amó Dios al mundo que envió a su único Hijo para la salvación del mundo». En Jesucristo descubrimos a ese Hijo enviado, encarnado en una criatura humana como nosotros. Verdadero Dios y verdadero Hombre. Él siempre será el mejor ejemplo de humanidad porque en él se manifiesta la perfección humana habitada de divinidad.

Ya sabes, Dios es Amor. Sin embargo, se trata de un amor tan inmenso y verdadero, que se derrama. Se sale de sí mismo porque necesita amar fuera de él, de ahí la necesidad de la creación de todo cuanto existe. No hay otra razón teológica para que Dios cree el universo y al ser humano, solo una razón de amor que se desborda. Tú mismo o tú misma eres parte de esa razón de amor de Dios. Este amor de Dios lo cambia todo si lo dejamos actuar en nosotros como fundamento de nuestra vida espiritual y nos recuerda constantemente que no estamos llamados a vivir una fe basada en el miedo o en la obligación. **Estamos llamados a vivir una relación de amor con Dios, a confiar en él como Padre-Madre Bueno y a permitir que su luz amorosa alumbre cada aspecto de nuestra vida.**

Lección 6:
La casa común

Una vez definida la idea de Dios para que podamos relacionarnos con él adecuadamente, nos detenemos a contemplar todo cuanto existe: su creación. Cuando hablamos de las primeras etapas de la vida espiritual, resulta también fundamental aprender a relacionarnos con nuestro mundo. Para el corazón creyente, la Tierra no es solo un espacio físico que habitamos, sino un hogar sagrado que se nos ha dado para que lo custodiemos y lo protejamos. En este sentido, la vida espiritual del ser humano se desarrolla enraizada en la creación que le rodea y que Dios le ha confiado, no en un vacío.

Los niños, por su naturaleza curiosa y abierta, tienen una capacidad única para maravillarse ante la creación. Son capaces de percibir los colores de una flor, el vuelo de un pájaro, la majestuosidad de un cielo estrellado, el sonido del viento que mueve las hojas de los árboles o la inmensidad del mar como algo que supera toda lógica y toda razón. La naturaleza, en sí misma, se convierte en maestra de contemplación si nos dejamos interpelar por ella, pero muchos adultos pierden la capacidad natural de asombro que les fue dada y la marginan en el cajón del olvido, dejando paso a otras preocupaciones más prácticas y rutinarias. Qué duda cabe que, para que nuestro espacio espiritual se ensanche, debemos recuperar esa capacidad de contemplación y de asombro ante el mundo que nos rodea. La naturaleza es asombrosa en su belleza y complejidad y, si la miramos con ojos creyentes, nos habla del Creador. ¿Quién, sino Dios, puede medir a puñados el mar o el número de las estrellas? Algo de la inmensidad de su amor y de su cuidado por nosotros ha quedado inscrito en todo cuanto existe. Hay una especie de orden universal que, si se contempla sin prisas, nos deja boquiabiertos. ¿No te parece este asombro ante la creación una forma de alabanza? Lo es. Quizá sea el primer modo de oración...

Desde el inicio de los relatos de la Biblia, la creación se nos presenta como una obra buena, salida de las manos de Dios. En el libro del Génesis, tras cada acto de creación, Dios ve lo que ha hecho y lo declara «bueno» (Gn 1, 1-31). Este mensaje es más profundo de lo que parece: la creación es buena en sí misma. El mundo es una criatura querida por Dios, el universo es creación amorosa del Padre. Por esta razón me cuesta mucho acoger algunas propuestas religiosas que miran con sospecha el mundo, que lo presentan como lugar de perdición y pecado, como si fuese algo contrario y en guerra con la realidad celestial. Pienso más bien que **el mundo, querido por Dios, es el mejor lugar que él nos ha podido regalar y, sin duda, el espacio en el que podemos aprender a ser humanos verdaderamente.** Es en este mundo, y no en otro, en el que Dios mismo ha querido encarnarse y en el que su Reino ya ha comenzado, aunque todavía no se haya realizado definitivamente. Contemplar el mundo con ojos de ternura y de misericordia, como un don de Dios, me ha hecho mucho bien espiritual a lo largo de mi vida.

En efecto, para el cristiano, la creación es un don sagrado y nosotros somos parte de ese don. En el libro de los Salmos, leemos que «los cielos cuentan la gloria de Dios» (Sal 19, 1). La creación es un testimonio vivo de la grandeza de Dios, y cada planta, cada criatura, cada elemento del cosmos es un recordatorio de su poder creador y de su presencia. Del mismo modo que un artista plasma algo de sí mismo en su obra, Dios ha dejado su huella en todo lo creado. Nuestro Dios es un artista.

Bajando a la tierra, quiero detenerme en un tema de plena actualidad que, como creyentes, creo que estamos llamados a tener en cuenta. En el mundo actual, la relación entre los seres humanos y la creación manifiesta algunas heridas. La primera de ellas, me parece, es que no terminamos de comprender que la creación es una «casa común» en la que no habitamos solos. No es mi casa, mi mundo, mi tierra, sino «nuestra» casa. Nuestro egoísmo nos lleva a mantener actitudes que dañan la convivencia con el entorno, con otras especies y con otros seres humanos. Hay signos evidentes también de que atravesamos una crisis ambiental sin precedentes: el cambio climático, la pérdida de biodiversidad, la deforestación, la contaminación del agua y del aire o la generación escandalosa de residuos son solo algunos signos que nos están avisando de que algo no va bien. ¿Se trata de teorías de conspiración? Basta tener un poco de sentido común y de cordura para darse cuenta de que, ciertamente, podemos mejorar nuestra relación con el mundo para que este se vuelva un lugar más bello, más justo y saludable. Quizá la crisis ambiental no sea solo una cuestión económica o técnica, sino, sobre todo, una crisis espiritual porque refleja una ruptura en nuestra relación con lo creado y, en definitiva, con Dios. **No respetamos el entorno porque no lo consideramos sagrado, como no respetamos al hermano que tiene ideas diversas a las nuestras porque tampoco lo consideramos sagrado.** Hay mucho trabajo de reconciliación en este campo, pero todo puede comenzar por un corazón decidido a contemplar lo que le rodea como un don recibido de las manos amorosas del Padre.

Al perder de vista la sacralidad del mundo que nos rodea y de los demás seres humanos, sobreviene una consecuencia evidente:

tratamos a la creación como un recurso que debe ser explotado sin límites para satisfacer nuestros deseos, pero el cuidado de la creación no es una responsabilidad opcional para los cristianos. Dios mismo encomienda a sus criaturas la tarea de «cultivar y custodiar» la tierra (Gn, 2, 15). Este mandato se convierte entonces en una invitación a vivir de manera responsable, reconociendo que somos custodios, no dueños, de la creación. Así, la explotación desmedida de los recursos naturales, motivada por la avaricia o el consumo sin límites, no solo daña la tierra, sino que nos aleja de la armonía que Dios soñó para su creación.

Además, hay un aspecto de esta crisis especialmente doloroso: sus efectos recaen de manera desproporcionada sobre los seres humanos más vulnerables. Los pobres, las comunidades indígenas y los que dependen de la tierra para su subsistencia son los primeros en sufrir las consecuencias de nuestra falta de responsabilidad. En este sentido, resulta muy importante reconocer que el deterioro ambiental y la injusticia social están profundamente interconectados. No podemos hablar de proteger la naturaleza o los animales sin hablar también de proteger a las personas, especialmente aquellas que están en situaciones de fragilidad. Por ejemplo, no podemos hablar de proteger al lince ibérico si descuidamos la vida humana más frágil, pobre y vulnerable. Ambas vidas son creación sagrada y, por tanto, merecedoras de nuestro respeto, nuestra protección y nuestro cuidado.

Sin ahondar en el pesimismo, hay posibilidades de reconciliarnos con la creación. El Papa Francisco nos propone una respuesta: la ecología integral. A propósito, recomiendo muchísimo la lectura de su encíclica *Laudato Si* (2015), en la que reflexiona magistralmente sobre esta cuestión y sobre sus consecuencias. **Para abordar la crisis ambiental de manera adecuada, necesitamos adoptar una perspectiva que vaya más allá de las soluciones técnicas, necesitamos**

una visión «holística», amplia, integral, que reconozca la interconexión entre todos los aspectos de la vida: lo ambiental, lo social, lo cultural y lo espiritual. Teniendo esto en cuenta, la ecología integral nos invita a ver el mundo como un todo interrelacionado en el que cada ser, cada comunidad humana o cada ecosistema está conectado con los demás. La interconexión a la que apela esta propuesta nos recuerda que nuestras acciones tienen un impacto que va más allá de lo inmediato, de ahí la importancia de nuestros actos. Cada gesto pequeño de cuidado de la creación es un gesto de amor que mejora el mundo, mientras que cada gesto pequeño de desprecio a la creación es un gesto egoísta que empeora el mundo.

En las primeras fases de un itinerario espiritual deberíamos incorporar el ejercicio de toma de conciencia de la interdependencia y de nuestra relación con el mundo. **A través de gestos sencillos como cuidar de una planta, reciclar la basura, cuidar de un animal o ayudar a una persona frágil y dependiente se aprende que cada acción cuenta y que tiene el poder de crear un mañana diferente más solidario, más generoso, más justo, más bello.** Estas acciones, que podríamos definir como «acciones de cuidado», ensanchan nuestro corazón y nos ayudan a crecer espiritualmente, pero no son fáciles de adquirir si no trabajamos por una verdadera «cultura del cuidado».

Este concepto me parece fundamental porque aprender a cuidar y a contemplar la creación como sagrada no se logra con acciones esporádicas, sino mediante un ejercicio constante. La cultura del cuidado es una forma de vida, una actitud que impregna todas nuestras decisiones, pequeñas o grandes, y que trata de responder con agradecimiento al amor recibido. Esta cultura debe comenzar en los hogares, donde se nos enseñe desde pequeños una visión del mundo en la que el cuidado, el respeto y la solidaridad sean valores sagrados que iluminan nuestras decisiones. Pero, además, ¿no te parece que la cultura del cuidado es una expresión concreta del amor cristiano? Amar a Dios implica amar también su obra, respetar y proteger la creación que se nos ha confiado.

Si has llegado hasta aquí, te habrás dado cuenta de que la conversión ecológica pasa, entonces, por la conversión del corazón. Anímate a dar el paso de una mentalidad de explotación y dominio del mundo a una mentalidad de cuidado y responsabilidad sobre la casa común. Sin darte cuenta estarás cuidando también tu propia vida espiritual. ¡Ánimo!

Lección 7:
La oración

En la lección anterior hemos dicho que asombrarse ante la inmensidad de la creación es un modo de alabanza, una plegaria original e instintiva. Vamos a detenernos ahora a definir y desarrollar ese espacio de diálogo con Dios que llamamos «oración».

Es bueno decir desde el principio que la oración es mucho más que una simple práctica religiosa. La oración es, en muchos sentidos, el corazón de la vida espiritual, el espacio en el que la persona puede encontrarse con Dios y experimentar su presencia, el espacio en el que lo humano y lo divino se abrazan en un diálogo íntimo. Se trata de una relación viva, de un lugar de discernimiento que hace que la persona crezca interiormente, tome mejores opciones en la vida y se perciba ante un proyecto de plenitud. En la oración encontramos un espacio sagrado donde podemos confrontar nuestras inquietudes y decisiones, y en el que aprendemos a discernir la voluntad de Dios en nuestra vida.

San Alfonso M.ª de Ligorio (ed. 1994), doctor de la Iglesia por su obra espiritual y uno de los grandes maestros de oración de todos los tiempos, nos invita a ejercitarnos en lo que él llama un «trato familiar con Dios». La oración, desde esta perspectiva heredada de quien considera su maestra, Santa Teresa de Jesús, no es un monólogo ni un diálogo distante y frío, sino un encuentro cercano y confiado en el que el ser humano habla con Dios como lo haría con un familiar muy cercano. Cuando la oración se vive de esta manera, se convierte en experiencia de encuentro y, por tanto, desaparece la percepción de estar hablando interiormente a solas. La persona que reza, toma conciencia de que Dios está ahí, a veces en silencio, pero escuchando amorosamente. Desde una edad muy temprana se puede trabajar esta realidad en la que el niño o el adulto que se inicia en la oración la experimenten como un espacio seguro, un lugar en el que no es necesario fingir nada. De hecho, solo cuando se comienza a comprender la oración como un lugar seguro en el que tratar familiarmente con Dios, entonces se nos esponja el entendimiento para intuir cómo funciona este diálogo amoroso. En ese momento dejamos de hablar demasiado para comenzar a escuchar verdaderamente lo que Dios tiene que decirnos.

Jesús, a lo largo de su vida, nos da ejemplo de lo que significa vivir ese trato familiar con el Padre. Él mismo se retiraba con frecuencia a orar en soledad, especialmente antes de tomar decisiones o de emprender nuevos caminos misioneros. Jesús se apartaba de las multitudes y de sus discípulos para encontrar momentos de intimidad con su Padre. Por ejemplo, antes de elegir a sus apóstoles, Jesús aparece orando durante largas horas o, antes de afrontar su pasión, en el huerto de Getsemaní, recurre a la oración buscando la fortaleza necesaria para aceptar la voluntad de Dios. Pero, al mirar a Jesús, nos damos cuenta de que la oración no se trata solo de una actividad de la que se espera un rendimiento, no es solo un ejercicio para momentos de necesidad, ni siquiera la «usa» como medio para buscar la paz interior, sino que es el centro desde el que toda su vida cobra sentido. La oración da sentido y orienta al corazón creyente porque este (el corazón) cuenta para todo, sea importante o pasajero, con la voluntad de Dios. Esto nos exige que aprendamos a escuchar atentamente más que a pedir o a hablar.

Otro aspecto importante de la oración cristiana es que, incluso cuando se realiza a solas en intimidad con Dios, nos conecta con el resto de los seres humanos. De nuevo, al mirar a Jesús vemos cómo él no vive la oración como un espacio egoísta para bien propio, sino que enseña a sus discípulos a orar diciendo «Padre Nuestro...». En esta oración, que puede ser un buen comienzo para quien no sabe orar sin ayuda, descubrimos la esencia de la relación entre el ser humano y Dios. Jesús nos enseña a cercarnos a Dios con la confianza de hijos, a pedir nuestras necesidades diarias y a buscar su voluntad por encima de todo. El Padre Nuestro es una oración sencilla pero profundamente reveladora, pues nos recuerda que Dios es un Padre Bueno y cercano que escucha nuestras súplicas y cuida de nosotros. **Para orar, por tanto, se necesita una actitud de apertura a Dios y la conciencia de ser hijos pequeños, necesitados de su grandeza. No se puede orar si estamos llenos de orgullo y pretendemos ser más que Dios. No se reza para que Dios me diga lo que yo quiero oír, sino para escuchar lo que él tiene pensado para mí.**

Te habrás dado cuenta como yo de que, en este mundo donde el ritmo de vida es frenético y las distracciones constantes, muchas personas buscan prácticas como el mindfulness, el yoga o la meditación para encontrar paz interior. Estas disciplinas suelen presentarse como soluciones seculares a una necesidad profunda de serenidad y equilibrio. Sin duda, pueden resultar útiles para algunas personas, pero el corazón creyente no queda satisfecho solo con serenidad y paz, necesita, además, que esa paz se le presente llena de significado para su vida cotidiana y que la serenidad venga iluminada por un proyecto que responda a lo que Dios sueña, y esto solo puede experimentarse en un diálogo profundo, cercano, íntimo y amoroso con el Padre. Muchas veces olvidamos que el cristianismo cuenta con una tradición riquísima de oración y meditación que ha dado grandísimos frutos. Sería precioso que nos animásemos a recuperar las propuestas de meditación de San Juan de la Cruz, Dionisio Areopagita, San Bernardo, Ángela de Foligno, Santa Teresa de Jesús, el Maestro Eckhart, Santa Catalina de Siena, San Alfonso de Ligorio, Santa Teresa de Calcuta o el texto anónimo *La nube del no saber*, por mencionar solo algunos entre muchísimos otros. Todos ellos coinciden en algo: más allá de silenciar nuestras preocupaciones como un ejercicio mental, **lo que hace única a la oración cristiana es que se trata de un diálogo vivo con un Dios que nos ama**.

La oración cristiana, además, no se agota en un único modo de orar. Hay numerosas herramientas que a lo largo de los siglos han servido para el encuentro con Dios: la oración formal recitada, la Lectio Divina meditando la Palabra, la Adoración Eucarística, el rezo de oraciones concretas propuestas por la Iglesia o por los santos como el rosario o, incluso, el silencio más absoluto. Cada forma de oración es un tesoro invaluable de la tradición cristiana que no solo brinda paz interior, sino que, sobre todo, nos ayuda a entablar una relación profunda con Dios. Ahora bien, todas ellas exigen de nuestra parte la práctica y el ejercicio para que vayamos más allá del mero «sentirnos a gusto» o en paz. **Para que la oración sea verdaderamente transformadora, debe ser un ejercicio cotidiano porque se trata de una relación. No hay relación humana, en este caso humana y divina, que sobreviva si no se cultiva diariamente.** No podemos esperar que nuestra vida de oración crezca si solo recurrimos a ella de modo esporádico. No podemos pretender que Dios nos cuente su voluntad sobre nosotros de manera clara y definitiva en la primera oración que hacemos. Sería muy pretencioso por nuestra parte. El ser humano necesita tiempo para enamorarse de Dios y la oración es una ayuda inestimable. Es en la constancia donde nos haremos fuertes en el amor a Dios y donde podremos discernir con mayor claridad su voluntad sobre nosotros.

Santa Teresa de Jesús junto con San Juan de la Cruz son para mí los más excepcionales maestros de oración. Y lo son por varios motivos. En primer lugar, porque su espiritualidad está profundamente encarnada en la realidad y en el cuerpo. A diferencia de algunas propuestas espirituales más actuales en las que se pretende ya de principio que seamos seres angelicales, la propuesta de los místicos clásicos dialoga profundamente con la verdad de nuestro cuerpo y de nuestro mundo. No tienen miedo de nombrar las resistencias que nuestra realidad finita, limitada y corporal presentan ante el esfuerzo de crecer espiritualmente. Para ellos la oración y la vida espiritual es, siempre, un proceso que respeta de modo profundo la humanidad que nos habita. Eso, creo, es una buenísima noticia. En segundo lugar, la propuesta de estos santos es muy muy cristocéntrica, es decir, se sostiene en la contemplación de la humanidad de Cristo más que en ideas extravagantes. En tercer lugar, porque es una propuesta maravillosamente poética y bella, mucho más evidente en el caso de Juan de la Cruz. En cuarto y último lugar, porque resulta afable y tremendamente práctica, en especial de la mano de Teresa de Jesús.

Para Santa Teresa, la oración es, ante todo, un encuentro vivo con el amor de Dios. Ella la define de manera extraordinaria como «un estar a solas con quien sabemos que nos ama» (ed. 2017, V 8,5). La santa subraya en otro momento que se trata de un estar «muchas veces». Es consciente de que se necesita la constancia y la práctica. De forma sencilla, podríamos decir también con San Alfonso que la oración trata de la práctica del amor a Jesucristo. Ejercicio, práctica, constancia, perseverancia... deben ser aliados de la persona que desea crecer en su itinerario espiritual. De una manera difícil de definir, el ejercicio de la oración va revelando nuevos espacios progresivamente. Algunos santos, de hecho, han hablado de los «grados de la oración», y es importante comprender esta dinámica. El propósito de la oración, que debe ser el encuentro con Dios, no se logra de repente ni al dar los primeros pasos en esta práctica. El encuentro amoroso con Dios se logra, más bien, de modo gradual, progresivo.

Aunque corro el riesgo de resultar demasiado simplista, solo a nivel pedagógico en algún momento me pareció interesante establecer una jerarquía personal en los grados de oración. Te la comparto por si te ayuda a localizarte en ellos o a comenzar un proceso guiado en el que se dé cada vez una mayor profundidad:

- 1.er grado: silencio, relajación corporal y control de la respiración
- 2.º grado: experiencia de paz interior y de control del pensamiento.
- 3.er grado: rezo formal de oraciones aprendidas: Padre Nuestro, Rosario... etc.
- 4.º grado: oración mediada por algún elemento, como escucha de alguna canción cristiana, uso de velitas, incienso, imágenes, etc.
- 5.º grado: meditación de la Palabra de Dios. Lectura calmada de algún pasaje de la Biblia y meditación silenciosa o escrita sobre lo leído.
- 6.º grado: adoración del Santísimo «pura y dura», liberada de la atmósfera «mágica» que pueden favorecer otros elementos de mediación.
- 7.º grado: diálogo amoroso e íntimo con Dios.
- 8.º grado: encuentro con Dios y contemplación silenciosa del misterio divino.

Si te das cuenta, el grado mayor de oración se identifica con la contemplación silenciosa en la que ya no hay ningún elemento intermediario entre Dios y la persona orante. En las primeras fases de la práctica de la oración, nos pueden ayudar las mediaciones (música, ambiente, postura corporal, etc.), pero si queremos profundizar verdaderamente en este campo, debemos irnos haciendo cada vez más libres de lo accesorio y dejando más espacio solo a Dios. La oración más gozosa, nos dice la experiencia de los místicos, se puede dar en medio de un bosque, cocinando o en una iglesia vacía sin música… Lo importante es que la persona se haya vaciado de todo lo accesorio o material (incluso de aquellos obstáculos emocionales o interiores que impidan el acercamiento a Dios) y le permita a Dios ocuparlo todo. En palabras de Santa Teresa: «Nada te turbe, / nada te espante, / todo se pasa, / … Quien a Dios tiene / nada le falta. / Solo Dios basta» (ed. 2017, p. 1494).

Como complemento a lo expresado hasta aquí, quiero subrayar una idea crucial: **la oración no va de «sentir», sino de «estar»**. No te preocupes si no sientes nada. Mucho mejor así. Eso significa que no estás jugando con el sentimentalismo o la sugestión. Se puede no sentir nada y, sin embargo, percibirse en un estado de profunda oración. **La oración es eso, un diálogo vivo con Dios que me escucha y me sugiere su voluntad al corazón. No lo mezcles con los sentimientos y aprende a disfrutar del simple hecho de estar con él, nada más y nada menos.** Esa presencia, tarde o temprano, hará que todo lo demás sobre. Por tanto, cuando se permite, aunque sea por un instante, esa cercanía de Dios en el corazón que se ha vaciado de todo y se ha abandonado a su voluntad, la vida entera se transforma. Nada ni nadie puede entonces impedir que la persona se sepa profundamente amada por Dios, porque ha experimentado en primera persona el amor, se ha encontrado con él. Ahora lo sabes: la oración y todo itinerario espiritual se fundamenta solo en una experiencia: el encuentro personal con Dios. ¡Eso es todo lo que tienes que desear y buscar! Encontrarte con él.

En síntesis, recuerda: **haz silencio, da permiso a Dios para actuar en ti, abandónate a su voluntad, vacíate de todo lo accesorio... y goza del amor de su presencia**. Te aseguro que esa experiencia no tiene precio ni palabras que puedan expresar lo vivido. ¡Ánimo!

Lección 8:
El desafío de la tecnología

Vivimos en una era marcada por la tecnología, qué duda cabe. En ella, los avances digitales han transformado completamente nuestra vida cotidiana y han introducido dinámicas de convivencia y de conexión humana impensables hace solo unas décadas. Los smartphones, las redes sociales, los videojuegos y las múltiples pantallas que nos rodean forman parte de nuestro día a día desde una edad temprana, mucho más para aquellos nacidos a partir de la segunda década del siglo XXI. En muchos sentidos, la tecnología ha traído beneficios y oportunidades indudables, pero también ha planteado enormes desafíos, sobre todo en el ámbito de la vida espiritual.

De igual modo que la sociedad está llegando a la conclusión, con la ayuda de los expertos, de que la tecnología no siempre tiene un impacto positivo en el proceso de desarrollo del cerebro infantil, también aquellos que desean vivir un itinerario espiritual en profundidad deben estar alerta a su repercusión, especialmente en las primeras fases del desarrollo espiritual. Por un lado, vivimos en un mundo lleno de información, en el que las respuestas a casi cualquier pregunta están a solo un paso de distancia. Sin embargo, esta sobreabundancia de información viene acompañada, a menudo, de ruido, superficialidad, desinformación o polarización, las cuales no favorecen lo esencial, lo profundo, lo que realmente nutre la vida espiritual. Por esta razón, la tecnología, cuando no cuenta con cierta supervisión y control, puede convertirse en una distracción constante que aleja a las personas de lo verdaderamente importante. En algunas ocasiones, además, podemos vernos envueltos en la trampa de la hiperconexión y, de manera peligrosa, acercarnos a comportamientos adictivos. Es bueno ser conscientes de que **las pantallas, lejos de ser herramientas neutrales, en algún momento pueden comenzar a formar un entramado de dependencias que erosiona la capacidad humana para desconectar y encontrarse a sí mismo**. Si el ejercicio de la interioridad o de la oración es complejo en sí mismo, como hemos visto, mucho más complejo se vuelve si estos medios interrumpen sin control nuestro camino interior.

El tiempo que dedicamos a nuestra vida interior, a la reflexión y a la oración puede verse desplazado por la tentación de lo inmediato, de la gratificación instantánea que nos ofrece el mundo digital. En este sentido, resulta importante que recordemos lo dicho sobre el silencio y la oración. Aquí es donde las pantallas representan un verdadero desafío para la vida interior, ya que su constante demanda de atención puede alejarnos de la posibilidad de disfrutar de un espacio de recogimiento y de encuentro con Dios. Esta dinámica es especialmente conflictiva, como ya he apuntado, en la fase de «infancia espiritual», por lo que se vuelve necesario, urgente diría yo, que, en esta fase, nos reservemos espacios y tiempos para la desconexión digital, de modo que nos habituemos a ellos.

Aquí surge una pregunta clave para padres, educadores y maestros espirituales: ¿cómo proteger el espacio espiritual de niños, jóvenes o adultos en un mundo tan lleno de distracciones? La respuesta no es fácil, pero podríamos comenzar apelando al equilibrio. Es necesario insistir en que la tecnología no es mala en sí misma, abre puertas a la creatividad, al conocimiento y al aprendizaje. Bien usada, incluso, podría ayudarnos en nuestra vida interior.

Pero, he dicho «bien usada», es decir, con conciencia, responsabilidad y, si es necesario, con supervisión. En este sentido, resulta tremendamente importante que, como sociedad, busquemos cauces para que las personas aprendan a usar de forma responsable la tecnología, conociendo desde muy temprano los riesgos y las oportunidades que nos brinda, y ofreciendo algunas herramientas para el uso consciente y controlado. Del mismo modo que existen programas educativos para la prevención del consumo de drogas u otras sustancias, es necesario que niños y jóvenes conozcan desde muy pronto cuáles son los efectos reales que los estímulos de las pantallas provocan en el cerebro y cómo funcionan estos efectos a nivel biológico en nosotros, favoreciendo comportamientos adictivos.

He apelado más arriba a la posibilidad de espacios de desconexión digital. Creo que, después de la educación, es la segunda herramienta más importante. En los hogares y en los colegios, más en los hogares que en los colegios, aprendemos a relacionarnos con el entorno y ese entorno debe contar hoy también con la tecnología y las pantallas. Es tarea de las familias poner límites claros, horarios, espacios y modos de uso de estas herramientas a los más pequeños para que, más tarde, cuando sean adolescentes, jóvenes o adultos tengan la capacidad suficiente para discernir de manera personal qué relación están manteniendo con estos dispositivos. La desconexión digital se materializa en espacios concretos en los que no haya pantallas, donde niños y adultos disfruten de «estar presentes» en el aquí y ahora, escuchándose unos a otros. Estos momentos (comidas, reuniones familiares, etc.) pueden ser una oportunidad para fomentar el diálogo familiar, la oración y la escucha. Para que la vida espiritual no se vea saturada de ruidos y distracciones, es necesario que volvamos a ser niños en este aspecto y nos propongamos una autodisciplina en el uso de la tecnología. Esto será mucho más fácil para aquellos que adquirieron las herramientas mencionadas durante la infancia.

En tercer lugar, después de la educación y de la autodesconexión digital, creo que otra herramienta poderosísima, sobre la que me encantaría hacer un tratado, es la del aburrimiento. ¡Qué sano y necesario es aprender a aburrirse! Muy a menudo, al contrario de lo que pueda parecer, **el aburrimiento es fuente inagotable de creatividad**. Me gusta hablar de «cultivar» el aburrimiento en los mismos términos en que lo he hecho antes con el silencio. El aburrimiento se puede entrenar para que no resulte vacío y tedioso, sino profundamente activo y creador. Cuando algún alumno me decía que se aburría, lo felicitaba sinceramente y, después, lo orientaba para que pudiese crear algo imaginario o real sobre un papel, dibujando, pensando o con algún material adicional. Las pantallas y las consultas a Chat GPT las dejaba para otro momento... **La importancia de enseñar a los niños a estar solos con sus pensamientos, a encontrarse en ese espacio íntimo donde pueden escuchar su voz interior, es crucial para desarrollar una vida espiritual rica y significativa más adelante.**

Me parece importante también la idea de que la supervisión en el uso de la tecnología y pantallas no se aborde en colegios y familias desde la clave de la prohibición, que puede provocar riñas incómodas, sino desde la llamada a la responsabilidad, que educa con ternura y enseña que existe un mundo lleno de silencio, de belleza y de presencia más allá de las pantallas. Es igualmente imprescindible recordar en esta primera fase educativa o espiritual que, de hecho, ese mundo es más real, porque pone en juego a la humanidad en carne y hueso, con sus aciertos y fragilidades, un mundo en el que puede darse una conexión más profunda con Dios, que quiso encarnarse en una persona humana, no en un robot o en un perfil generado por inteligencia artificial. **Apreciar lo humano y las relaciones**

personales en presencia nos humanizará siempre y nos acercará más al misterio de Dios. ¡Qué duda cabe! La presencialidad tiene una capacidad única para humanizarnos. Es en el encuentro cara a cara con los demás donde las relaciones humanas posibilitan que el corazón quede capacitado para amar, donde podemos compartir lo más profundo de nuestro ser y donde experimentamos la auténtica comunión que Dios nos invita a vivir. La tecnología debe permanecer siempre como una herramienta subordinada al amor. Ni más, ni menos...

Lección 9:
La educación

Estarás de acuerdo conmigo en que la educación es mucho más que un proceso de adquisición de conocimientos, ¿verdad? Pues bien, en un mundo que valora cada vez más la información y la competencia técnica, puede parecer que el acto de educar se reduce a preparar mentes para resolver problemas, ejecutar tareas o memorizar datos. ¡Cuántos planteamientos educativos funcionan solo sobre estos pilares! Quede claro desde el inicio que estoy convencido de que la educación, por supuesto, también es memoria, resolución de problemas y ejecución de tareas, pero no solo. Lo primero que debemos comprender es que **la verdadera educación va mucho más allá del aula y los límites del currículo escolar. Si aceptamos esto, entonces la educación se trata de un despertar profundo a lo que somos y a lo que podemos llegar a ser.**

Educar, en su raíz etimológica, significa «orientar, alimentar, sacar de dentro, extraer a la luz». La pregunta fundamental de la educación debería ser, entonces: «¿Qué hay en el corazón del niño, de cada joven o del adulto que necesita ser sacado a la luz, cultivado, guiado?». ¿Qué llevamos dentro cada uno de nosotros? Esa es la pregunta. La respuesta define la vida entera y es ahí donde la fe ilumina el camino porque no se trata de introducir, sino de sacar; la cosa no va de meter información indiscriminadamente, sino de potenciar y sacar a la luz lo que permanece a oscuras en nuestro interior. Cuando hablamos de educación en el contexto espiritual, lo hacemos desde la certeza de que cada persona está llamada a desplegar lo mejor de sí misma, a convertirse en la mejor versión de quien está llamada a ser. Es, en definitiva, una invitación a desarrollar los dones que Dios ha sembrado en cada uno de nosotros desde el principio de nuestra existencia. Es un proceso en el que descubrimos que somos hijos amados, que nuestra vida tiene un sentido y que estamos aquí para un propósito más grande que el de simplemente cumplir nuestras expectativas superficiales.

En mi libro *Talento y esfuerzo en ESO y Bachillerato* (ed. 2021) estudié panorámicamente las últimas leyes educativas de nuestro país, y llegué a la conclusión de que ninguna de ellas ha sabido articular dos principios fundamentales para que la educación de nuestros adolescentes dé verdaderamente fruto; estos son: el talento (los dones personales) y el esfuerzo del que cada alumno debe responsabilizarse. Unas leyes tienden hacia un lado; otras, hacia el contrario. Allí dejé claro que solo un modelo de síntesis entre el talento y el esfuerzo o, lo que es lo mismo, entre la pedagogía actual y la pedagogía tradicional, es objetivamente generador de perfiles humanos capaces para vivir: «educar para la vida». Pero, más allá de los modelos educativos, quiero detenerme en aquellos fundamentos que la educación, sostenida por la fe, debería contemplar.

Todo proceso educativo que considere la realidad espiritual debería partir de la pregunta: «¿Quién soy yo?». La educación espiritual no puede ni debe desarrollarse sobre el desconocimiento de la propia identidad, ni respondiendo a la pregunta fundamental con teorías abstractas, sino desde la firme convicción de que somos criaturas amadas por Dios. En el itinerario espiritual esa debe ser «la identidad». No hay más etiquetas ni identidades que la de saberse hijo querido. Esto nos recordará siempre que **nuestra identidad no** depende de lo que hacemos, de cuánto sabemos y, menos aún, de cómo nos definen los demás. **Nuestra identidad depende única y exclusivamente de lo que somos: hijos de Dios.** Esta identidad de identidades es la única garantía de que en el proceso espiritual no aparecerán otras etiquetas, ni hacia nosotros mismos ni hacia los demás. Todos los seres humanos participamos de esta identidad y, por tanto, en clave espiritual no tiene sentido buscar otras identidades, porque eso solo hace que nos dividamos más, que nos percibamos como seres enfrentados, nos pongamos a la defensiva frente a los otros y no paremos de segregarnos en función de esas etiquetas: hombres y mujeres, pobres y ricos, altos y bajos, negros y blancos, guapos y feos, homosexuales y heterosexuales, creyentes y ateos, de derechas y de izquierdas... y un sinfín de colectivizaciones. **La colectivización solo puede tener un sentido desde la fe: el reconocimiento de las minorías y de los grupos de personas que sufren la lacra de la indiferencia, la violencia, la marginación, el odio o la pobreza.** Ahí sí, solo ahí, desde la clave de la sensibilización y la reivindicación de los derechos humanos, puede aceptarse la narrativa de los colectivos, pero no en la definición de la propia identidad espiritual. **Todos somos hijos de Dios y todos somos igualmente amados por él.**

Es importante que las personas que inician un itinerario espiritual reciban esta verdad de parte de sus padres, de sus formadores o de sus maestros y guías espirituales cuanto antes, porque, una vez que un niño, un joven o un adulto en camino comprende que su valor no depende de lo que logre, sino de lo que es, la manera en que se desenvuelve en el mundo cambia radicalmente. Una persona que se sabe amada al menos por Dios (aunque no sea amada por nadie en este mundo, lo cual es dificilísimo) puede afrontar con mayor fortaleza los avatares propios de la vida. Pase lo que pase, siempre habrá un amante deseando encontrarse con nosotros. Además, la persona que se sabe amada no se deja arrastrar fácilmente por las corrientes de la inseguridad y del miedo; sabe que su vida tiene un propósito mayor y eso le trae paz y una fortaleza interior inquebrantable.

Desde esta preciosa perspectiva la educación se convierte en una misión sagrada. No se trata simplemente de enseñar conceptos, ni siquiera el concepto de Dios, sino de transmitir una visión del ser humano y del mundo arraigada en el amor de Dios, que todo lo sostiene. Todo esto comienza en casa, ya lo he dicho y lo repito. Es el hogar el entorno en el que los niños y los jóvenes crecen y donde sus corazones se abren al mundo; por eso los padres, como primeros educadores, tienen la responsabilidad de sembrar esta semilla de confianza, de amor incondicional y, en definitiva, de fe. ¿Qué es el bautismo aparte de un sacramento de la iniciación cristiana sino el regalo de la fe que la familia creyente entrega a sus pequeños?

Me ha pasado algunas veces que, cuando alguien me dice aquello de «yo no voy a bautizar a mi hijo para que decida libremente cuando sea mayor», le he explicado el valor del bautismo como regalo de la fe. Con la imagen del regalo muchos lo han comprendido mejor y han accedido a bautizar a sus hijos. En definitiva, les vengo a decir a estas familias que cuando somos pequeños aprendemos a recibir regalos. De esos regalos que recibimos, la mayoría, excepto los que pedimos a los Reyes Magos, son regalos con los que la otra persona nos sorprende. ¡Y qué importante es dejarse sorprender por los demás y por Dios! Siguiendo esta lógica, de igual modo que las familias deciden qué regalar a sus hijos sin preguntar siempre sus preferencias, por el mero hecho de que consideran que se trata de un auténtico regalo, la fe que se nos da en el bautismo puede (en el caso de una familia creyente, debería) regalarse como un verdadero tesoro a los hijos, sin que estos lo hayan decidido. Ya tendrán tiempo de confirmar esa fe, de perderla en algún cajón del corazón con el paso de los años o, incluso, de negarla. Lo cierto es que si un joven pregunta a su familia por qué lo bautizó sin su permiso, la familia puede responder con toda razón, que lo hicieron por amor, porque pensaron que era el mejor regalo que podían hacerle; ahora depende de él que ese regalo dé fruto o permanezca escondido.

Con lo expuesto hasta aquí, quizá comprendemos mejor que la educación que se edifica sobre la pregunta por la identidad iluminada por el regalo de la fe que recibimos en el bautismo construye a las personas desde dentro y las capacita para sacar fuera lo que verdaderamente son. No hay un proyecto vital mejor que el de aprender a reconocernos como aquello que realmente somos, porque solo desde ahí podemos vivir en libertad y en verdad. Al contrario, un proyecto vital que se sostenga sobre la máscara y sobre el resentimiento de no reconocerse amado puede generar grandes frustraciones y dificultades para caminar con soltura por la senda del espíritu. **El niño o la persona que comienza a dar pasos espirituales, que crece sabiendo quién es y se siente seguro en el amor de Dios, no necesita buscar la aprobación de los demás, ni vivir con miedo al fracaso.** Sabe que su vida tiene valor más allá de cualquier circunstancia externa.

Otro paso fundamental en la educación iluminada por la fe es el compromiso por educar el corazón. Esto significa que, **en las primeras fases del itinerario espiritual, urge enseñar a amar, a ser compasivos, a reconocer el dolor de los demás y a ser portadores de esperanza.** La educación del corazón se forja en las pequeñas acciones que van más allá de teorías o discursos: el tiempo dedicado a escuchar sin prisas, el abrazo, la mirada comprensiva, el perdón, etc. Todas ellas enseñan que el amor es lo primero y que solo en amar encontramos nuestro verdadero propósito. En este sentido, la educación del corazón debe buscar formar personas capaces de amar más allá de sus propios intereses, para lo cual se necesita tiempo, porque nuestra inclinación natural será la de flirtear con el egoísmo.

Todo lo dicho hasta aquí me hace pensar que la educación debería centrarse en ser una verdadera escuela de sentido. La auténtica educación no puede separar la dimensión espiritual del resto de la persona. Somos personas con una clara dimensión espiritual que debe ser ejercitada e iluminada. En realidad, toda educación debería ser una búsqueda de sentido, una respuesta a los pequeños y grandes interrogantes de la vida: ¿qué es esto? ¿Cómo funciona un motor? ¿Cómo se alimentan las flores? ¿Para qué estoy aquí? ¿Cómo debo vivir para amar más y mejor? ¿Qué es el bien? ¿Qué es el mal? Eliminar las preguntas de sentido de la existencia de la educación es, sin duda, un gran error que se paga con personas que crecen sin criterio, sin capacidad de discernimiento y, por tanto, más manipulables y menos libres. Se trata más bien de formar corazones y mentes capaces de ver el mundo y la vida desde la perspectiva más amplia posible. Solo así se garantiza la educación de la persona entera, integrando la dimensión intelectual, emocional y espiritual.

Creo, en definitiva, que la educación que se deja iluminar por el don de la fe debe ser:

- formal: recta (no rígida), con horizonte claro y sentido. Exacta y educada.
- plural: y, por consiguiente, real como la vida misma. Que capacite a la persona para una visión universal del mundo y le permita salir de «su perspectiva» para dialogar con la de los otros.
- integral: que abrace todas las dimensiones de la persona, sin excluir la dimensión espiritual.
- veraz: que se sitúe en la búsqueda de la verdad, no como algo poseído, o como una piedra contra otros, sino como una realidad a descubrir junto a los otros.

— práctica: conectada con la vida. Que capacite para desenvolverse en la vida real con sus dificultades, retos y oportunidades.

Está claro, educar es mucho más que preparar para el futuro. En la clave que estamos explorando se trata de despertar en aquellos que se adentran en su propio itinerario espiritual la conciencia de que ya están llamados a vivir una vida plena, una vida iluminada por la fe y sostenida en el amor.

Lección 10:
El hecho religioso

La religión es tan antigua como la humanidad misma, porque toca lo esencial de lo que somos: seres que buscan un significado. Los enterramientos prehistóricos o algunos dioses de arcilla, entre otros signos, muestran la eterna inquietud humana por conocer, relacionarse o descifrar la realidad trascendente. El término «religión» proviene, en su raíz etimológica, del latín *religare*, que significa «volver a unir». Pero ¿qué realidades estaban unidas, se han separado y necesitan volver a unirse? Dios y el ser humano.

La religión tiene, en su esencia, la capacidad de unirnos con lo trascendente, de restablecer una relación entre el ser humano y aquello que lo supera. Siempre que he dado clase de Religión en secundaria o bachillerato he comenzado con esta lección sobre lo que es la religión, y les proponía a mis alumnos la siguiente definición para que la discutiésemos en clase: la religión es la concreción en la historia de la relación entre el ser humano y la trascendencia. Vamos por partes:

A. «La religión es la concreción...»: aunque pueda parecerlo, no se trata de algo abstracto, sino de una realidad concreta que puede ser estudiada, vista y analizada. Su concreción se determina en la precisión de su realidad, que no es abstracta y general, sino considerada en sí misma. Esta concreción le permite ser conocida.

B. «... en la historia...»: hablamos de una realidad concreta encarnada en la historia, es decir, en el tiempo y en el espacio. La religión, aunque remite a lo que está más allá, es, sin embargo, una expresión que se manifiesta en el «más acá». Es posible porque se realiza en el tiempo y en el espacio a través de múltiples y diversas manifestaciones: templos, ropas litúrgicas, objetos, música, ritos... Todo ello puede ser medido, contemplado y estudiado como una parte muy importante de la historia de la humanidad.

C. «... de la relación...»: esta expresión es clave. Si no hay relación, no hay religión. La religión es, en esencia, una relación con lo trascendente, con Dios. No es una idea, ni siquiera una creación humana al uso, sino una relación espontánea, personal y comunitaria con lo que está más allá del tiempo y del espacio.

D. «... entre el ser humano y la trascendencia»: dicha relación, concreta y encarnada en la historia, se da entre nosotros y aquello que nos trasciende. Evidentemente, la idea de trascendencia será distinta en función de la experiencia religiosa propia de la inculturación que ha recibido la persona: fuerza cósmica en el budismo, Dios personal en el cristianismo, etc.

Lo cierto es que, a lo largo de la historia, los seres humanos han buscado formas de expresar, entender y vivir esa relación con lo divino, lo cual nos lleva a pensar que el hecho religioso es una dinámica propia de la condición humana, una especie de deseo misterioso inscrito en el corazón, que nos exige buscar respuestas más allá de nosotros mismos y que, más tarde, se vuelve configurador de nuestras culturas. En este sentido, la religión no aparece como algo opcional o accesorio en la vida de las personas, sino que se nos presenta como algo profundamente arraigado en nuestra naturaleza: somos seres religiosos. Es decir, el hecho religioso no parece una opción, sino más bien nos revela el profundo anhelo de infinito que habita en nosotros. Desde esta perspectiva, entendemos mejor que la religión no es un invento cultural o una construcción social que podría evitarse, sino la respuesta natural a una necesidad interior de cada persona y de cada grupo humano por encontrar sentido, propósito y conexión con Dios. Sin excepción, todas las culturas y civilizaciones han tenido manifestaciones religiosas. Desde las pinturas rupestres en las cavernas hasta los templos monumentales de las grandes civilizaciones, encontramos expresiones del ser humano que ha sentido la necesidad de formular concretamente su relación con lo que está más allá de sí mismo. Siendo conscientes de esto, negar el hecho religioso sería negar una parte esencial de nosotros mismos, porque la búsqueda de sentido nos hace verdaderamente humanos. Pero, además, sería negar una parte importantísima de nuestras culturas, porque estas se han forjado, en gran medida, sobre las expresiones que ha provocado la búsqueda de sentido en las diversas sociedades.

Las religiones no solo han sido respuestas individuales al misterio de la vida, sino que también han dado forma a nuestras culturas. La religión, en su dimensión social y comunitaria, ha configurado la manera en que entendemos el mundo e, incluso, nuestras leyes y costumbres. No se puede comprender la historia de la humanidad sin tener en cuenta el papel fundamental que han desempeñado y desempeñan las grandes religiones en la formación de nuestras sociedades. De hecho, cada gran civilización ha desarrollado su cosmovisión, su manera de entender la vida y la muerte, el bien y el mal, a partir de sus creencias religiosas. Los templos, las catedrales, las mezquitas y los monasterios no solo son monumentos religiosos, sino testigos de cómo la fe ha sido el corazón de nuestras comunidades.

Más allá de los aspectos reprobables que las expresiones religiosas hayan podido manifestar a lo largo de los siglos, los cuales deben ser leídos siempre en su contexto histórico, debemos reconocer su papel como configuradoras de cultura. En este sentido, resulta muy bueno al inicio de todo itinerario espiritual aprender a mirar la historia con ojos críticos, pero, también, con ojos de agradecimiento. El pasado nunca debe ser leído con los ojos del presente, sino a la luz del contexto en el que se desarrolla. Este ejercicio nos ahorra la tentación de radicalizar nuestra mirada y, peor aún, nuestro corazón, cuando nos acercamos a cualquier expresión humana, la expresión religiosa entre ellas. La capacidad crítica adulta no resta nada a lo verdaderamente censurable desde el punto de vista ético o social; al contrario, toma conciencia de ello, a veces desde la lógica del perdón, pero deja más espacio al agradecimiento por todo lo bueno recibido. Quiero decir con esto que no se puede iniciar un itinerario espiritual con el corazón lleno de sospecha y de resentimiento ante la expresión religiosa que se pretende recorrer, sino dejando que lo bueno de esta expresión ilumine el camino. Solo así ayudamos con nuestra peregrinación por este mundo a sanar las heridas que pudieron darse en algún momento de la historia.

Está claro que, en las culturas donde la religión está presente de manera activa, no solo en rituales accesorios, sino en la vida cotidiana, se crea un tejido moral y espiritual que sostiene a las personas en los momentos de dificultad, que les ofrece un marco de referencia ético y que les da una orientación para la vida. Por el contrario, basta contrastar la historia para darse cuenta de que las sociedades que se han despojado de estas raíces religiosas a menudo han sufrido una crisis de sentido, y han perdido la brújula social y cultural que guiaba su desarrollo.

Si damos un paso más, tomaremos conciencia de que la religión ayuda a la creación de espacios de humanidad. A lo largo de los siglos, las religiones ha sido un refugio donde las personas no solo buscan respuestas, sino también comunidad, apoyo y solidaridad. **La religión, cuando se vive de manera auténtica, sin fundamentalismos ni radicalismos, tiene una capacidad única para humanizar y recordar a las sociedades que no son autosuficientes, que necesitan de los demás y que están llamadas a la compasión y al servicio.** En sus mejores expresiones, las religiones han sido creadoras de espacios de hospitalidad, de acogida y de protección para los más vulnerables. Incluso cuando esa vulnerabilidad ha sido provocada por la acción de las personas o de las estructuras religiosas, la propia religión ha sabido encontrar tarde o temprano una respuesta que repare la dignidad herida. En definitiva, **cuando el hecho religioso se vive en total autenticidad, nos recuerda que todos somos parte de una misma humanidad, que no podemos vivir aislados, que nuestra realización personal está vinculada al bienestar de los demás y que debemos colaborar con la cultura del amor, del perdón y de la paz.**

Por tanto, la religión bien entendida, la que se aleja de la radicalización estéril, violenta y desagradable, nos recuerda en esencia que somos seres en relación, no solo con Dios, sino con los demás. Nos invita a abrirnos al misterio de Dios, a descubrir que nuestra vida es mucho más que aquello que podemos ver o tocar y que estamos llamados a algo más grande, a una vida plena sostenida en Dios, que es amor. Además, pone de manifiesto que no estamos solos en el camino espiritual; como comunidad universal de creyentes, caminamos juntos, ayudándonos mutuamente a crecer en la fe y a vivir con esperanza, sabiendo que nuestra vida, aunque esté llena de desafíos y dificultades, está sostenida por el amor de Dios, un amor que nunca falla y que siempre nos invita a algo más. Quizá sea ese el gran regalo de la religión: una visión de la vida que nos llena de esperanza, que nos invita a vivir con alegría y que nos asegura que, en última instancia, nuestra existencia tiene un sentido porque es profundamente amada por Dios.

SEGUNDA ETAPA:

«ADOLESCENCIA Y JUVENTUD ESPIRITUAL»

Nacidos a la vida de la fe, hemos comenzado a dar nuestros primeros pasos iluminados por ella, pero el camino es largo. Tras el descanso y el reposo necesario, nos disponemos ahora a recorrer la segunda etapa de nuestro itinerario, la etapa que he llamado «adolescencia y juventud espiritual». Como ya indiqué en el caso de la primera, con esta expresión no me refiero a los años en que físicamente atravesamos la adolescencia y nos asomamos a la juventud, sino a la etapa de CRECIMIENTO, exploración y ejercicio interior que cada peregrino afronta en solitario, más allá de la edad que cuente.

En esta etapa recorreremos juntos algunas cuestiones que debe plantearse todo peregrino de la fe cuando ha asentado las bases y ha caminado los primeros kilómetros de vida interior. Algunas cuestiones son verdaderamente complejas. No he tenido la pretensión de dejarlas cerradas, sino abiertas, creando espacio para el crecimiento personal de cuantos recorréis este itinerario y posibilitando la luz que a cada uno pueda daros el don de la fe, de modo que encarnéis en vuestra vida cotidiana concreta, distinta de la mía, dichos interrogantes.

Es una etapa apasionante que debemos colmar de talento personal y de profundo esfuerzo. Es también una etapa de crecimiento y de apertura a realidades fascinantes que pueden aportar sentido a nuestra vida. ¡Adelante!

Lección 11:
Diálogo fe y razón

La adolescencia y la juventud son etapas cruciales en la vida de toda persona. De igual modo, podríamos hablar de la «adolescencia» y la «juventud» espirituales como etapas importantísimas en el crecimiento interior. Una vez que se han puesto las bases y se ha nacido a la fe, entonces sobreviene una etapa de grandes preguntas, de descubrimientos, de desafíos y, sobre todo, de una búsqueda consciente de sentido. En esa fase nos preguntamos: ¿cuál es mi lugar en el mundo? ¿Qué quiero para mi vida? y, seguramente, la todavía no resuelta: ¿quién soy yo? Junto a estas preguntas, surge también una inquietud interior que, aunque no siempre se exprese en términos religiosos, contiene en sí misma un germen espiritual: ¿qué sentido tiene todo lo que vivo, todo lo que soy? Se trata, en toda regla, de una fase de autodescubrimiento y de autoconciencia de aquello que hemos aprendido durante la primera etapa de nuestra vida. Ahora nos toca ir tomando las riendas de nuestra vida y de nuestro camino espiritual.

La búsqueda que las personas hacemos en esta etapa no es fácil porque se da en un momento de transición, un tiempo en el que las certezas de la etapa inicial empiezan a desdibujarse y en el que aparecen nuevas preguntas con más fuerza. Es un periodo en el que las emociones son intensas, tanto que pueden jugarnos una mala pasada cuando hablamos de las cosas del espíritu. La razón también entra en juego con mucha fuerza y nos sobreviene otra pregunta fundamental: ¿cómo articulo lo que sé con lo que creo? Es entonces cuando el diálogo entre fe y razón se convierte en un tema de vital importancia para continuar el camino espiritual. No se trata solo de una cuestión filosófica, sino de una preocupación existencial. ¿Es posible conciliar lo que la fe me enseña con lo que descubro a través de mi propio conocimiento, de la ciencia, de la cultura que me rodea? Anticipemos que la fe y la razón no se oponen, sino que pueden complementarse de manera fecunda para ayudarnos a encontrar respuestas más profundas y verdaderas a las grandes preguntas de la vida.

En esta etapa espiritual comenzamos a cuestionar las bases sobre las que hemos construido nuestra identidad personal y social. Surge también la necesidad de hacer que todo lo adquirido por la fe como regalo se integre de manera real y práctica en nuestra vida cotidiana. Según el filósofo danés Kierkegaard, esta etapa puede traer a nuestra vida una «angustia existencial» (ed. 2013), no en el sentido de un sufrimiento insoportable, sino en el sentido de que la persona se enfrenta a la libertad de tener que tomar decisiones que definirán su vida. Esa etapa va acompañada naturalmente de un tiempo de tensión y de resistencia interior, pero es bueno saber desde el principio que se trata solo de una fase, de un paso más en la construcción de la persona, una etapa que pasará y dará lugar a otras más luminosas y menos dramáticas espiritualmente hablando.

Cuando la libertad se nos presenta cara a cara sin intermediarios puede resultar abrumadora, pero también puede ser una oportunidad maravillosa para descubrir la verdad sobre quiénes somos y quiénes estamos llamados a ser. A menudo he descubierto a personas ya adultas que se han quedado ancladas en esta etapa del camino y son incapaces de tomar sus propias decisiones. No confían en la voz sagrada de su conciencia y necesitan que una voz externa les indique por dónde seguir. Esto, si no se identifica y se trabaja, puede resultar peligroso en el ámbito de la fe, porque una persona con este perfil es carne de cañón para cualquier grupo o iluminado que le presente una propuesta de fe clara, definida y precisa. Como la persona no desea afrontar el reto de la libertad y de la conciencia, entonces asume cualquier principio que se le ofrezca como terreno seguro y, habitualmente, esta dinámica es practicada por los grupos más fundamentalistas. Estar alerta sobre estas dinámicas y reconocerse en ese perfil de fragilidad para asumir la propia libertad será siempre una garantía para el proceso espiritual que se va encarnando en nosotros, no como una revelación acabada y definida, sino como una conquista constante de la voluntad de Dios, como un proceso que durará toda la vida. En esta línea, pienso en aquellos que vienen a que yo les diga si esto o lo otro es o no pecado de una forma definitiva, con un sí o un no. Mi respuesta nunca ha sido un sí o un no, ni lo será, sino la interpelación personal para que ellos mismos reconozcan si se trata de una actitud acorde a la voluntad de Dios o no. En definitiva, en el ámbito de la fe, prefiero los procesos que se encarnan en cada persona poco a poco a aquellos que surgen de la nada, como una iluminación incapacitante para ejercer la propia libertad. Tragar con un embudo las verdades de la fe no sirve de nada si no se hacen propias por el deseo de conformarse, esto es, configurarse a la voluntad del Padre. **Dios nos quiere libres, poniendo en juego toda nuestra fe y, también, toda nuestra razón.**

Reflexionemos un poco más a fondo sobre la relación razón-fe. Uno de los errores más comunes es pensar que la fe y la razón son dos caminos que van en direcciones opuestas. Es una creencia común en nuestra cultura moderna que la fe pertenece al ámbito de lo subjetivo, mientras que la razón se ocupa de lo objetivo y verificable. Sin embargo, nada más lejos de la realidad. La fe, de hecho, pretende dar «razón» de la esperanza. De no ser así no existiría la disciplina teológica, la ciencia que trata de dar razón de la relación entre el ser humano y Dios. La división, por ende, resulta artificial. Tanto la fe como la razón son formas de conocimiento que nos ayudan a comprender la realidad, cada una desde una perspectiva y con los modos científicos que les son propios. La razón, por su parte, nos permite explorar el mundo que nos rodea, analizarlo, comprenderlo y descubrir las leyes que lo rigen. Responde básicamente a la pregunta por el QUÉ de las cosas: ¿qué es esto?, ¿de qué está compuesto?, ¿cómo funciona? La razón es la herramienta por la que desentrañamos los misterios de la naturaleza, los fenómenos físicos, y desarrollamos el conocimiento científico y filosófico. Nos invita, en definitiva, a buscar explicaciones de carácter positivo y a no conformarnos con lo aparente. Por otro lado, la fe nos ofrece una luz que nos ayuda a entender otros aspectos de la realidad que no pueden ser explicados de forma positivista, que van más allá de lo visible y de lo tangible, pero que son tan reales como los objetos concretos. La fe responde a las preguntas POR QUÉ y PARA QUÉ de las cosas: ¿por qué existo?, ¿para qué existo?, ¿por qué soy hijo amado? La fe nos habla de lo trascendente, de Dios, del sentido último de nuestra existencia, nos invita a confiar en una realidad más allá de lo que podemos percibir con nuestros sentidos, y da coherencia y plenitud a nuestra vida.

Fe y razón no se contraponen; al contrario, se complementan y se necesitan para explicar, juntas, la verdad de todo cuanto existe. El Papa San Juan Pablo II, en su encíclica *Fides et Ratio* (ed. 2006), expresó con una imagen muy sugerente esta relación: «La fe y la razón son como las dos alas con las cuales el espíritu humano se eleva hacia la contemplación de la verdad». Ciertamente, no se puede volar con una sola ala, se necesitan las dos para surcar los cielos y conocer más y mejor la verdad de las cosas. No se trata, por tanto, de que una sustituya a otra, sino de que ambas se complementen en favor de una misión común, la búsqueda de la verdad, porque son dos herramientas que nos ayudan a alcanzar una comprensión más completa de la realidad.

Sabiendo esto, podemos continuar nuestro camino espiritual huyendo de aquella idea que nos ha presentado ciencia y religión como dos espacios en conflicto, como si tuviésemos que elegir entre aceptar los descubrimientos científicos o creer en Dios. Esta visión es ciertamente simplista y, a mi juicio, errónea. La ciencia es una herramienta maravillosa, por cierto, fruto de la razón humana que nos ha dado el Creador. Lejos de contradecir la fe, nos obliga constantemente a releer nuestro acercamiento a la obra de Dios. La ciencia bien planteada nos puede ayudar a acrecentar nuestra fe. No en vano el químico francés Louis Pasteur en el siglo XIX aseguró que «la poca ciencia aleja de Dios, mientras que la mucha ciencia devuelve a él». Otro científico, Heisenberg, premio Nobel de Física de 1932 y uno de los fundadores de la mecánica cuántica, afirmó también que «el primer trago del vaso de las ciencias naturales convierte al hombre en ateísta, pero Dios lo está esperando en el fondo del vaso». La lista de científicos de primer nivel que admitieron la idea de Dios, acogieron su necesaria existencia e, incluso, profesaron la fe, es enorme y sorprendente, desde el mismísimo Darwin, creador de la teoría de la evolución y cuyo título universitario era el de teólogo, o el científico Georges Lemaître, sacerdote católico que desarrolló la teoría del Big Bang sobre el origen del universo, hasta Copérnico, Descartes, Newton, Galilei, Kepler, Einstein, Tesla, Fleming, Ramón y Cajal, Gregorio Marañón... pasando por otros muchísimos hombres y mujeres de fe con inquietudes científicas. Para Lemaître, por ejemplo, no existía contradicción entre su propuesta científica y la acogida de la enseñanza católica sobre el origen del universo, sino más bien una oportunidad para maravillarse ante la magnitud de la creación divina.

En definitiva, **la ciencia es una fuente de conocimiento valiosísima, pero no puede responder a todas las preguntas; y, al contrario, la fe no puede detenerse a responder a las preguntas que son propias de la ciencia, solo iluminarlas**. Por tanto, negar la fe por considerarla incompatible con la ciencia es, en última instancia, un gran signo de ignorancia y un empobrecimiento de nuestra comprensión de la realidad. En este sentido, la fe es una fuente inagotable de sabiduría porque no se limita a lo material o lo visible, sino que pretende comprender lo invisible, lo espiritual y lo trascendente de nuestro mundo. Así, toda persona que emprende un viaje espiritual debe comprometerse con la verdad en un ejercicio constante, en que la búsqueda de la verdadera sabiduría se convierte en ejercicio vocacional. Este viaje requiere humildad, porque implica reconocer que no lo sabemos todo ni lo sabremos, porque siempre habrá algo más que aprender, bien por la vía de la fe o bien por la vía de la razón.

Lección 12:
El problema de la ideología

La cuestión sobre la que me detengo ahora afecta especialmente a aquellos que se encuentran en fase de formación de la conciencia y del espíritu. Aunque suele coincidir con la adolescencia como etapa biológica, puede suceder que un adulto no haya madurado la conciencia y el espíritu suficientemente y, por tanto, sea siempre un «adolescente espiritual», un sujeto vulnerable a la tentación de las ideologías. Es algo tan serio y se nos va tanto en juego que es necesario que afrontemos esta lección vital con valentía a la luz de la fe cuando nos decidimos a recorrer el camino espiritual.

Durante la adolescencia espiritual, nuestras mentes y corazones están abiertos a descubrir el mundo, a encontrar nuestro lugar en él y, como hemos dicho en alguna lección, a definirnos como personas. Es un tiempo en el que construimos nuestra identidad y, en ese proceso, inevitablemente buscamos referentes, ideas y sistemas de pensamiento que nos ayuden a dar sentido a lo que vivimos. En este contexto, las ideologías cobran un atractivo particular porque nos ofrecen una manera de entender el mundo, una narrativa coherente que parece dar respuestas rápidas a preguntas complejas. Sin embargo, es fundamental, en este momento vital, aprender a discernir entre lo verdadero o bueno y lo que es simplemente una construcción limitada o parcial. La dinámica más urgente en esta etapa vuelve a ser la del discernimiento, es decir, la reflexión pausada en la que se sacan las emociones de la ecuación para acercarnos críticamente, con razón y con fe, a cualquier realidad que se nos presente. Solo así evitaremos la manipulación, el engaño o la captación por algún grupo sostenido única y exclusivamente por una ideología incapaz de ver la realidad con ojos de universalidad. Cualquier ideología así entendida, incluso la ideología de carácter religioso, se vuelve una gran enemiga para la experiencia de la fe.

En la etapa que estamos explorando en este capítulo es natural sentir el deseo de pertenecer a algo, de encontrar a un grupo con ideas afines que nos permita entender el mundo de manera clara y sencilla. Las ideologías, que conocen muy bien la fragilidad humana de esta etapa, ofrecen en muchos casos esa sensación de claridad y de seguridad. Un primer rasgo para identificarlas es que nos presentan el mundo en términos de blanco y negro, de buenos y malos, de «nosotros» y «ellos», y nos seducen para identificarnos con una causa, un grupo o un movimiento. Este sentido de pertenencia y de tener una misión frente a otros es especialmente atractivo para los jóvenes que buscan su lugar en el mundo. Sin embargo, hay un gran peligro en ese atractivo: **las ideologías, por su propia naturaleza, tienden a simplificar la realidad y a ofrecer respuestas cerradas a preguntas abiertas. Nos invitan a mirar el mundo de manera parcial, seleccionando solo aquellos aspectos que encajan con su narrativa y excluyendo todo lo que no se ajusta a su esquema**.

En ese sentido, las ideologías corren el peligro, real y evidente, de volverse rígidas y excluyentes, provocando actitudes de confrontación y rechazo entre los seres humanos que se sitúan a la defensiva contra quienes no comparten su discurso. Por esta razón, suelen usar conceptos de origen bélico, político y militar (guerra, armas, revolución, legión, patria, militante...) o llevar al extremo del ridículo los derechos sociales que deberían ser de todos. A propósito de esto último, he dicho muchas veces que, **cuando una causa noble** como la pobreza, la violencia machista o la fe humana, entre otras muchísimas, **se convierte en ideología, se pierde la propia causa**. El peligro está ahí, siempre al acecho. Por eso es importante educar cuanto antes en el hecho de que la realidad es mucho más compleja y rica de lo que cualquier propuesta parcial pueda presentarnos. No podemos reducir el mundo a una sola interpretación, al menos en la fase de la «adolescencia espiritual», cuando todavía no hemos tomado opciones firmes en la vida ni tenemos la madurez necesaria para discernir, por muy convincente que parezca. **Es esencial aprender que la vida está llena de matices, de paradojas, de realidades no siempre acabadas ni definidas o que encajen en categorías fáciles de comprender.** El desafío es claro: aprender a convivir con esta complejidad, sin caer en la tentación de buscar respuestas rápidas o soluciones simplistas que nos pueden acercar al peligro de la ideología («solo esto vale, esto es lo único bueno») o, por el contrario, al peligro del relativismo («todo vale, todo es bueno»). **En el medio está la virtud.**

Demos un paso más. Puesto que aquí tratamos de desentrañar el misterio del itinerario espiritual que cada persona puede afrontar, resulta fundamental distinguir entre ideología y fe. En palabras sencillas, **la ideología es una construcción humana, mientras que la fe es la posibilidad de que Dios obre en nosotros**. La ideología surge como una respuesta al caos del mundo, pero lo hace desde una visión parcial, limitada y excluyente. Las ideologías, a menudo, buscan controlar la realidad, ponerla en cajas ordenadas y manejables a partir de una óptica cerrada de la vida. En el ámbito religioso, las ideologías tienen nombre propio: sectas, movimientos rigoristas y fundamentalismo. Las primeras, quizá son las más fáciles de identificar por la dinámica cerrada de acceso y de salida que proponen, pero las otras dos son igualmente dañinas para la persona y pueden colarse más fácilmente entre nosotros bajo apariencia de verdadera fe, verdadera iglesia, verdadera comunidad, etc.

Ten en cuenta que la fe exige siempre un ejercicio de apertura. Mientras la ideología busca imponer una estructura sobre la realidad, **la fe nos invita a entrar en el misterio de la vida contemplando toda su complejidad, reconociendo que no lo entendemos todo, que siempre hay algo más grande que nuestras ideas y nuestras categorías. La fe nos llama a confiar en Dios, que está mucho más allá de nuestras comprensiones limitadas.** Por mucho que se nos haya revelado en Jesucristo, en el caso del cristianismo, Dios permanece siempre misterio para el ser humano.

La verdadera fe cristiana no ofrecerá jamás un sistema cerrado de respuestas, sino una relación viva, personal y comunitaria con una persona: Jesucristo. ¿Recuerdas? No hay fe si no hay relación personal y comunitaria con Dios. Es la relación amorosa con Dios lo que garantiza que se viva en conformidad con su voluntad sin rigorismos, sino por el puro deseo de responder con amor al amor. El amor, en sí mismo, ya contiene su propia exigencia y nos la grita sabiamente al corazón y a la conciencia, no lo carguemos de fardos pesados. Mientras que la ideología nos promete seguridad a través de una serie de reglas e ideas indiscutibles, absolutamente cerradas al diálogo, la fe nos invita a la confianza en el amor de Dios, que nos sostiene incluso en medio del misterio y la incertidumbre. Es el amor, y solo él, el que nos hará comprender todo lo demás: «Enamórate de Jesucristo... y entenderás todo» (San Antonio M.ª Claret).

Permíteme insistir en que la distinción entre ideología y fe es clave. **Las ideologías tienden a alimentar el ego, haciéndonos creer que tenemos todas las respuestas, que estamos en el lado correcto de la historia.** La fe, por el contrario, nos capacita para comprender el otro lado de la historia como parte de una comunidad universal de hermanos que son amados por el mismo Padre Bueno. **La fe nos llama a la humildad, y quizá por eso resulta menos atractiva que la ideología, porque supone un trabajo interior constante y un esfuerzo personal por acoger sin prejuicios y con verdadero amor al otro.** Nos recuerda también que no somos dueños de la verdad, sino peregrinos en busca de ella. Solo Dios contiene toda la verdad, nosotros somos sus buscadores, lo cual nos urge a caminar con el corazón abierto, dispuesto a aprender, a crecer, a dejarnos sorprender por la realidad compleja y llena de matices de la que somos parte.

Uno de los grandes peligros de la ideología es la tendencia al absolutismo. Cuando abrazamos una ideología de manera total y acrítica, sin discernimiento ni conciencia, corremos el riesgo de convertirla en una especie de «religión secular», porque nos identificamos tanto con sus principios que empezamos a ver todo lo que sucede a nuestro alrededor a través de un único prisma, y en este proceso podemos llegar a perder la capacidad que nos ha dado Dios para escuchar otras voces, abrirnos a otras realidades y discernir a la voz del Espíritu. Además, cuando la ideología se absolutiza puede volverse violenta, no necesariamente en un sentido físico, sino en su capacidad para excluir, dividir y enfrentar. Una vez que hemos adoptado una ideología (que no a Dios) como la verdad única, tendemos a ver a quienes no comparten nuestras ideas como enemigos, como personas que deben ser corregidas (incluso bajo la apariencia de bien y de amor al otro) o, en el peor de los casos, eliminadas del diálogo. ¡Cómo nos ayudaría contemplar diariamente los encuentros de Jesús con los excluidos, los marginados, los etiquetados de su época, los diferentes a él y a sus ideales de Reino!

La ideología destruye los principios fundamentales que presenté al inicio de este libro: ni fe ni vida ni dignidad humana. Nos impide relacionarnos con los demás como personas, con toda la dignidad, complejidad y misterio que ello implica, y empezamos a verlos solo como representantes de ideas opuestas. Esto nos deshumaniza tanto a nosotros mismos como a los demás. El Evangelio, sin embargo, nos invita a algo radicalmente diferente. **Jesús no nos llama a adherirnos a un sistema de pensamiento, de ideas o de banderas, sino a amar. Y amar implica ver más allá de las propias ideas con los ojos de Dios, ver el corazón de la persona, estar dispuestos a comprender y acoger, incluso cuando no estamos de acuerdo.** En ese caso, podemos buscar el bien común. En este sentido, la fe cristiana nos ofrece una manera de vivir que trasciende las ideologías. Nos invita a buscar la verdad con amor y humildad, sabiendo que el misterio de Dios y de la vida siempre nos supera.

Ya lo he apuntado más arriba, pero me detengo ahora. En el caso de la experiencia religiosa, una tentación que puede aparecer en nuestro camino espiritual es el de absolutizar nuestro sistema de «creencias». Esto no es exclusivo de los movimientos políticos o sociales. Por desgracia, también lo es de los movimientos religiosos, por eso hay que estar alerta. En el ámbito religioso también podemos caer en una forma de ideologización que nos lleve al rigorismo, al extremismo o, incluso, al fanatismo. Suele ocurrir, además, que estas formas de ideologización religiosa se vinculan mezclándose con otros espacios que no siempre ayudan a la experiencia de la fe, espacios políticos o sociales. Nacen entonces lo que yo llamo los «packs ideológicos»: parece que para ser verdadero cristiano tienes que pertenecer a tal partido político que se nos presenta como salvador de la religión, tienes que vestir de tal forma, tienes que manifestarte con este signo y con esta bandera, que no es precisamente la cruz de Cristo, sino una cruz instrumentalizada, politizada, tuneada con intereses políticos y sociales de un lado y del contrario. En esos casos, por ejemplo, la bandera (cualquier bandera) termina por sustituir a Dios y, por consiguiente, se convierte en nuevo ídolo, en nuevo dios al servicio de la ideología. Las personas frágiles y vulnerables, incapaces para el juicio crítico, muy especialmente durante la adolescencia y la juventud, son víctimas potenciales de estos sistemas que actúan a través de la política, la acción social, la religión, el deporte, etc. Los que se encuentran en búsqueda son presa fácil. Por tanto, siempre que atravieses una etapa de búsqueda, acompáñate de las herramientas que te permitan estar alerta.

Todos estos fenómenos son peligrosos y no se deben favorecer en los entornos católicos porque, objetivamente, distorsionan el mensaje del Evangelio, transformando la fe en un sistema de ideas que se defienden excluyendo con intransigencia. Nada parecido a la defensa que hace Jesús de los ideales del Padre: sin violencia, con silencio misericordioso, con amor y, finalmente, entregando la vida. Creo que te hará mucho bien meditar en este punto las bienaventuranzas que Cristo anuncia a sus discípulos: bienaventurados los pobres de espíritu, los mansos de corazón, los que buscan la paz, los que lloran... (Mt 5, 1-12).

Además, el rigorismo es una actitud profundamente antievangélica porque nos presenta el amor de Dios como si este estuviese condicionado por nuestra capacidad de cumplir con una lista interminable de normas. Esta visión reduce la riqueza del cristianismo a una moralidad sofocante, que priva a la fe de su dimensión de gracia, libertad y misericordia. Jesús nos enseña que la ley está al servicio del ser humano, y no al revés. El rigorismo, sin embargo, nos lleva a poner las normas por encima de las personas, generando una fe fría, calculadora y alejada del corazón del Evangelio, que es el amor.

Dicho esto, entonces ¿cuál es el correctivo para no caer en el lado contrario, el relativismo en el que todo vale y, por tanto, nada vale? Lo he repetido mil veces: el amor. El amor mismo es exigente, no le quitemos valor. Te lo cuento con un ejemplo: cuando somos pequeños y hemos hecho algo mal en casa hacia alguno de nuestros familiares, la propia conciencia nos empuja después de haber llorado y de habernos enfadado, a acercarnos a ese familiar y pedirle perdón. La única razón de este gesto es que lo amamos. Porque amamos a nuestros familiares no nos da igual haberlos ofendido en un momento de enfado. El propio amor nos lo recuerda y nos invita a intentar evitarlo la próxima vez. Ahí es donde quiero llegar: el mismo amor nos invita, nos grita interiormente, nos sugiere el gesto de perdón y nos compromete a corregir el mal que hemos hecho. No hace falta nada más. ¿Acaso alguien duda de la fuerza del amor y de su ley inscrita en las entrañas del ser humano? Por supuesto, no soy ingenuo, ¡claro que hay mal, que hay pecado, que hay delitos! Pero la gracia de Dios es la mejor maestra ante esas situaciones: «Donde abundó el pecado, sobreabundó la gracia» (Rm 5, 20). El amor de Dios no depende del cumplimiento de esa lista de normas, sino que se nos derrama de forma gratuita, y, precisamente porque se nos derrama gratuitamente, intentamos no fallar, por su propia exigencia. Porque Dios nos ama, el corazón creyente intenta amar a Dios. El extremismo religioso descarta la perspectiva del amor y juega con todas las dinámicas que tienen que ver, en última instancia, con el control y la manipulación de la conciencia de las personas.

El fanatismo es, quizá, la forma más peligrosa de ideologización de la fe. Un fanático religioso no solo cree que su visión de la fe es la única correcta (lo cual no está mal bien entendido, porque nadie sigue una verdad en la que no cree), **sino que está dispuesto a imponerla a los demás, incluso por la fuerza, sin respetar los procesos de los otros y, por supuesto, sin espacios para el diálogo.** El fanatismo convierte la fe en una herramienta de poder, una excusa para dominar territorios, espacios o conciencias, excluir o perseguir a aquellos que no comparten la misma creencia. Jesús, sin embargo, en nada se asemeja a este perfil. Nunca usó la fuerza contra las personas, aunque sí se indignó enormemente ante el uso mercantilista del templo, tirando mesas y objetos por el suelo. Jesús ofrece su mensaje como una propuesta liberadora, invitando a las personas a seguirlo por amor, no por obligación. Qué bonito, en este sentido, que el Papa Francisco nos recuerde que la «la Iglesia no crece por proselitismo, sino por atracción» (2013a, n. 14). Desde esta perspectiva, la auténtica evangelización no acontece por imposición, sino a través de una invitación.

Frente a las respuestas rígidas y cerradas, la fe nos invita a vivir en una apertura radical al misterio que nos hace verdaderamente libres. La fe nos ayuda a captar la realidad de la vida con confianza y paz, sabiendo que no estamos llamados a controlarlo todo, sino a vivir en relación con aquel que nos sostiene. La fe bien vivida nos libera del fanatismo y del rigorismo. Es una herramienta preciosa para realizar el misterio de la fraternidad universal a la que estamos llamados los discípulos de Cristo.

A la luz de esta lección, no dejes de leer la encíclica *Fratelli tutti* (2020) del Papa Francisco y luego pregúntate: ¿me encuentro en un momento de búsqueda y, por tanto, me reconozco vulnerable?, ¿qué lenguajes y propuestas religiosas me atraen?, ¿soy consciente de la tentación del radicalismo en mi vida?, ¿de qué forma la trato de evitar?, ¿es verdaderamente Dios y su Evangelio mi único tesoro o llevo otros ídolos en mi maleta?

Lección 13:
Libertad y responsabilidad

La adolescencia y la juventud, también las espirituales, son etapas de la vida que se caracterizan, entre otros aspectos, por la búsqueda de independencia. Al mismo tiempo que tratamos de pertenecer a algo, sabernos parte de un grupo, buscamos un espacio propio en el que realizarnos. Es el momento en el que la persona comienza a tomar sus propias decisiones y deja de depender, poco a poco, de sus padres o tutores. Esta transición está profundamente vinculada a dos conceptos clave que deben tenerse en cuenta con una sana reciprocidad: libertad y responsabilidad.

A menudo hablamos de libertad como si fuera algo sencillo de entender. Queremos ser libres para hacer lo que queremos, cuando queremos y como queremos. Sin embargo, la libertad va mucho más allá de esa noción superficial de «hacer lo que me apetece». **La verdadera libertad, de hecho, no es una simple elección egoísta entre alternativas, sino la capacidad interior que nos permite vivir de manera plena, de acuerdo con los valores más profundos inscritos en el corazón y, por tanto, va de la mano de una cierta responsabilidad social.** En este sentido, no hay libertad sin verdadera responsabilidad. No podemos ser libres si nuestras acciones no están guiadas por un sentido justo del deber y del respeto a los demás y hacia nosotros mismos. Estas dos realidades, libertad y responsabilidad, iluminadas por la fe, nos ayudan a recorrer de manera más plena y auténtica nuestro camino espiritual.

Ciertamente, la libertad es uno de los dones más grandes que hemos recibido. Desde el momento en que fuimos amados y soñados por Dios, lo fuimos como seres libres para elegir, para decidir nuestro camino y para actuar conforme a lo que creemos que es mejor. Pero esta libertad nos convierte al mismo tiempo en seres morales, responsables de nuestras acciones, y nos diferencia de los seres irracionales. La libertad auténtica no consiste en hacer lo que queremos sin más, sino en ser capaces de elegir lo que es bueno para nosotros y para los demás. Como cristianos, creemos que nuestra libertad está orientada necesariamente hacia el bien y hacia el amor. Por tanto, no somos verdaderamente libres cuando nos dejamos llevar por nuestros impulsos o deseos inmediatos, sino cuando somos capaces de actuar de manera consciente y responsable, buscando siempre el bien mayor. También nuestros deseos e impulsos pueden dar mucho fruto a la luz de esta perspectiva. No se trata de negarlos ni de reprimirlos, sino de orientarlos hacia el mayor bien posible. En este sentido, la libertad es también una tarea. No es algo que poseemos de manera automática, sino algo que debemos cultivar y proteger. Aprender a ser libres requiere tiempo, madurez y, de nuevo, discernimiento. Por ahora, quédate con esto: **a ser libre se aprende**.

El aprendizaje de la libertad es un proceso que implica, primero, conocernos a nosotros mismos, comprender nuestras motivaciones, el funcionamiento de nuestros pensamientos y emociones, nuestras pulsiones y nuestro carácter, y aprender a tomar decisiones que estén alineadas con nuestros principios más profundos. Sin embargo, cada vez que tomamos una decisión, asumimos las consecuencias de esa elección, tanto para nosotros mismos como para los demás. **La responsabilidad es lo que nos permite vivir la libertad de manera madura, reconociendo que nuestras acciones tienen un impacto**

directo en el mundo que nos rodea y en nosotros mismos. En la etapa de la «adolescencia espiritual» es común querer ser libre, pero evitando la parte de responsabilidad porque, a menudo, la sentimos como una carga que limita nuestra libertad, pero, en realidad, la responsabilidad no es un obstáculo para la libertad, sino su compañera inseparable de viaje. Ser responsable significa reconocer que nuestras decisiones tienen un peso, que pueden construir o destruir, unir o dividir. En este sentido, la responsabilidad nos ayuda a vivir de manera más libre. Nos permite tomar decisiones con mayor claridad y madurez, sabiendo que elegimos lo mejor en cada momento para nosotros y para los demás. En definitiva, **la verdadera libertad no consiste en «hacer lo que quiero», sino en «hacer lo correcto», incluso cuando esto implica esfuerzo o sacrificio.**

Por otra parte, la libertad no es aislamiento. A veces, en nuestra cultura, se piensa que ser libres significa no depender de nadie, no estar atado a ninguna relación ni compromiso. Muy al contrario, la verdadera libertad nos hace profundamente sociales, seres en comunión con los otros, dependientes de los demás y de Dios. **La libertad bien entendida no se ejerce en soledad, sino en comunidad. Somos libres no para aislarnos, sino para amar, para comprometernos con los demás y para construir juntos un mundo mejor.** Desde esta clave, podríamos decir que la libertad está siempre vinculada con el amor. Solo somos verdaderamente libres cuando somos capaces de amar sin medida, de manera desinteresada. De hecho, Jesús nos enseña que el amor es el cumplimiento de la ley y que solo en el amor encontramos nuestra libertad plena. Cuando amamos, no estamos renunciando a nuestra libertad, sino que la ensanchamos, viviéndola de una manera más auténtica.

Por esta razón, una persona libre no teme comprometerse. No teme asumir responsabilidades porque comprende que el verdadero sentido de la vida se encuentra en la entrega a los demás.

Todo lo que hace, lo hace por amor y se compromete por amor, más allá de cómo se desenvuelva esa historia a lo largo de los años. La libertad, vivida en este contexto de amor, no se experimenta como carga, sino como fuente de alegría y plenitud. Por el contrario, la libertad vivida desde el egoísmo puede ser fuente de grandes decepciones. San Agustín decía aquello de «ama y haz lo que quieras», pero con esto no quería decir que el amor justifica cualquier acción, sino que cuando realmente amamos, nuestras acciones estarán alineadas con el bien. En definitiva, si vivimos desde el amor, nuestras elecciones se vuelven verdaderamente libres, porque se orientan hacia lo que nos realiza plenamente.

En nuestro momento histórico, a menudo se nos presenta una imagen distorsionada de la libertad. Se nos dice que ser libre significa no tener límites, seguir nuestro instinto o hacer lo que nos apetezca sin restricciones. Esta visión de la libertad es seductora, especialmente en la juventud, cuando queremos explorar el mundo por nuestra cuenta. Sin embargo, la libertad así entendida es una gran ilusión. Nos promete felicidad, pero en realidad nos lleva al vacío. Si vivimos únicamente para satisfacer nuestros deseos inmediatos, nos volvemos esclavos de esos mismos deseos. Qué duda cabe de que la falsa libertad nos lleva a vivir de manera superficial, centrados en lo inmediato, sin pensar en las consecuencias de nuestras acciones. Nos promete autonomía, poder y gozo, pero en realidad nos aísla y nos deja insatisfechos. Ya lo sabes, la verdadera libertad se ejerce amando.

Una gran dificultad que hemos de afrontar en esta etapa es la de aprender a tomar decisiones libres y responsables. A menudo, sentimos la presión de nuestro entorno: la influencia de amigos, familiares, redes sociales o la cultura en general. Queremos encajar, ser aceptados, y en ese intento a veces sacrificamos nuestra libertad. En este sentido es importante recordarnos a menudo que ser libre no significa seguir ciegamente lo que los demás esperan de nosotros. Más bien la verdadera libertad se juega en la fidelidad a lo que realmente somos, a nuestros valores, a nuestra conciencia y, en última instancia, a la voluntad de Dios sobre cada uno de nosotros, que será siempre lo mejor. Algunas veces, ser libres significará tener el coraje de ir en contra de lo que la mayoría hace o dice, y eso puede ser difícil, porque tememos ser rechazados o juzgados, pero la libertad del corazón no teme al juicio de los demás. Está arraigada en algo más profundo, en la convicción de que somos valiosos tal como somos y de que nuestras decisiones, cuando están basadas en el amor y en el respeto a los demás, y cuando han pasado por el filtro de la voluntad de Dios para nosotros, nos llevan hacia una vida más plena. En suma, **tomar decisiones en libertad implica también asumir las consecuencias, tanto positivas como negativas.**

Aunque lo he presentado de modo velado en los párrafos anteriores, es necesario que explicite aquí que para los cristianos la libertad no es un fin en sí mismo, sino que está orientada hacia un propósito mayor: realizar la voluntad de Dios. Esto puede sonar contradictorio si pensamos la voluntad de Dios como una serie de mandamientos que restringen nuestra libertad. Sin embargo, cuando comprendemos que la voluntad de Dios se identifica siempre con el bien más absoluto para nosotros, nos damos cuenta de que vivir conforme a ella no es una limitación, sino todo lo contrario, una fuente de auténtica libertad y de plenitud. Dios quiere siempre y en todo caso lo mejor para sus hijos.

En este contexto, muchas veces echamos la culpa a Dios de lo malo que nos sucede, pero nos olvidamos de que Dios posiblemente también esté llorando con nosotros, acompañándonos en los momentos de dificultad. Eso sí, Dios, que quiere lo mejor para nosotros, sabe que el mal que nos sucede no tiene la última palabra. Sobre esto nos detendremos en una de las últimas lecciones de nuestro recorrido. Baste ahora reconocer que Dios no impone su voluntad de manera arbitraria, Él nos invita a descubrir, en la oración y en la reflexión, cuál es el camino que nos llevará a la felicidad. Digamos que él ve todo el recorrido, ve más allá de lo que nosotros podemos ver, y por eso sabe si esa propuesta nos hará verdaderamente libres o no. En cristiano podemos decir, entonces, que la libertad consiste en discernir junto a Dios lo que él quiere para nosotros y elegir ese camino con confianza. Se trata de una libertad encarnada, que se realiza en el diálogo familiar con Dios, en la apertura a su plan y en el compromiso de vivir de acuerdo con el amor. El resto del camino llevará de la mano la evaluación constante y el discernimiento para que la decisión tomada dé fruto, incluso cuando, en un momento dado, teniendo en cuenta las circunstancias de cada persona, sea necesario volver a discernir con él un nuevo camino, reorientar nuestra vocación.

Lección 14: La vocación

La palabra «vocación» tiene un significado profundo que muchas veces se ve limitado por nuestros prejuicios. A menudo, pensamos que la vocación se refiere exclusivamente a una llamada religiosa a convertirse en sacerdote o en monja, pero la realidad de la vocación es mucho más amplia y tiene que ver con la realización plena de las personas en el mundo. Es la respuesta a una de las preguntas más fundamentales de la vida: ¿para qué estoy aquí?

Cuando nos adentramos en la etapa de la juventud, esta pregunta nos aparece como un espacio obligado, pero no siempre le prestamos ni la atención ni los recursos necesarios. Es el tiempo en el que nos enfrentamos a decisiones importantes de las que pueden depender, en gran medida, nuestro futuro: qué estudiar, qué trabajar o cómo contribuir al mundo. Más allá de las decisiones prácticas, existe un anhelo más profundo en el corazón del ser humano, que es el de encontrar un propósito, un sentido que dé coherencia a nuestras vidas. Este deseo es lo que llamamos «vocación». ¡Vamos a iluminarlo desde la fe!

En primer lugar, quiero subrayar la idea de que la realización plena no es algo reservado para unos pocos; todos, sin excepción, estamos llamados a algo grande, a una vida llena de sentido y de plenitud, sin confundir esta plenitud con el poder o la fama, eso es otra cosa. **Cuando hablamos de vocación no nos referimos a una**

responsabilidad o a una tarea que cumplir, estamos hablando de una llamada interior a vivir una vida más plena, más auténtica y feliz. En este sentido, debemos recordar que la felicidad no se alcanza a través de logros externos, sino a través de la experiencia interior de vivir en armonía con nuestra verdadera vocación. La felicidad no es tampoco la ausencia de problemas o el cumplimiento de nuestras metas personales, sino la realización de esas metas que Dios ha soñado para nosotros y que son, sin duda, mejores de las que podríamos jamás soñar. Cuando respondemos a la vocación que Dios tiene para nosotros en cada momento, encontramos una alegría que va más allá de las circunstancias externas. No significa que no habrá dificultades o retos en el camino, pero la satisfacción y la paz que sentimos al vivir en sintonía con nuestra vocación nos sostienen en los momentos de flaqueza y dificultad o, en su caso, nos animan a buscar nuevas vías vocacionales cuando la que estábamos recorriendo ha cumplido su fin y ha agotado en nosotros toda posibilidad de continuar dando fruto.

Descubrir nuestra vocación no es algo que suceda de un día para otro. A veces nos sentimos presionados para tener claro nuestro futuro de inmediato y las preguntas sobre qué estudiar, qué carrera elegir o qué camino seguir pueden ser abrumadoras. Creo que, si has llegado hasta aquí, ya sabes lo que te voy a proponer. ¡Efectivamente! El discernimiento. El momento de la búsqueda vocacional debe acogerse como un tiempo sagrado en nuestra vida y no debería apresurarse. Este proceso requiere tiempo, calma interior, reflexión, oración y escucha interior. A través de estas herramientas y del acompañamiento adecuado, vamos descubriendo poco a poco cuál es el camino que Dios nos invita a recorrer. Permíteme que subraye lo que acabo de decir: «acompañamiento adecuado». No todo el acompañamiento es adecuado y elegir mal a nuestros acompañantes nos puede traer problemas espirituales. Es algo muy serio.

Sobre esta cuestión, es esencial no dejarse llevar por las apariencias. La garantía de ser un buen acompañante espiritual no la da el éxito visible ni el prestigio. No suele resultar demasiado bien acudir a los que se presentan como gurús, como aquellos que tienen las claves para hacernos felices. ¿Recuerdas lo que hemos dicho sobre las ideologías? Se aplica en este campo de manera parecida, aunque aquí algo más sibilina, porque las personas llegan normalmente con el corazón abierto, rotas en ocasiones o con heridas, y si la persona que acompaña no es una persona de profunda fe vivida y encarnada en ella misma, puede suponer un mal juego para quienes se confían a su guía. Mi primera recomendación es que no se elija a la primera persona que parece adecuada porque nos da «buenas vibras».

Para elegir a una persona como acompañante espiritual tómate tu tiempo, busca referencias sobre ella, comprueba que es una persona autorizada y que su único prestigio es el de acompañar bien a otros, tras haberse dejado acompañar primero. El buen acompañante, además, jamás te va a indicar el camino que debes recorrer, ni te va a dar las respuestas claras y precisas a tus preguntas, sino que, como la palabra indica, te va a acompañar para que tú mismo/a recorras el camino, vayas descubriendo sus senderos y encarnes poco a poco su misterio. Un buen acompañante nunca obligará, siempre propondrá. Ten en cuenta también que, por supuesto, en el servicio de «sacerdote» o de «religiosa» no va implícito ser un buen acompañante. Y que un acompañante no es un psicólogo. No todos los sacerdotes, religiosos o religiosas estamos capacitados para ello.

Un religioso honesto que no pueda acompañar a otras personas por las razones que sean lo dirá en primer lugar con claridad, y esa negativa a acompañarte no debes leerla como un fracaso, sino como una respuesta honesta de una persona que quiere nuestro bien y que sabe que no nos lo puede ofrecer en ese momento. Un acompañante espiritual tampoco es un psicólogo y es bueno que distingas las cuestiones espirituales de las cuestiones psicológicas para, en su caso, acudir a un especialista en salud mental si es necesario. Un buen acompañante te derivará a la persona más adecuada si considera que no debe o no puede comprometerse con tu causa. Por tanto, busca, consulta, pregunta, infórmate, escúchalo en alguna acción en público y discierne si la persona que estás pensando puede ser un buen acompañante. Por cierto, nunca le cedas tu conciencia, sino solo la capacidad de ponerse a tu lado para acompañarte en el camino de la fe, pero mantente siempre dueño o dueña de tus propias decisiones, junto a la escucha atenta de la voluntad de Dios. De hecho, un buen acompañante te ayudará a que disciernas mejor esa voluntad, siempre respetando profundamente tu libertad.

Dicho esto, discernir implica preguntarnos no solo qué queremos hacer, sino qué sentido tiene nuestra vida y cómo podemos responder al amor de Dios. Es un camino de autoconocimiento en el que vamos verificando, con un poco de ayuda, nuestras pasiones, nuestros talentos y los deseos más profundos de nuestro corazón. A menudo este discernimiento se da en la vida cotidiana, no como una «llamada» espectacular o una señal clara. Dios nos habla a través de nuestras experiencias, de nuestra biografía, nuestros sentimientos y nuestras inquietudes; por eso es importante que nos tomemos un tiempo de calidad para escuchar esa voz interior, para reflexionar sobre lo que realmente nos mueve y para reconocer las oportunidades que se nos presentan en nuestro día a día. Como ves, el discernimiento vocacional requiere de una gran escucha y, sobre todo, de una gran humildad para dejarse acompañar.

La vocación, como hemos visto, está íntimamente ligada a la felicidad. En gran parte, la segunda depende de la primera, pero debemos tener en cuenta también que la vocación no es un destino fijo.

No es algo estático, sino profundamente dinámico que, de hecho, irá evolucionando a lo largo del tiempo. Por eso necesita ser revisada a menudo con procesos de discernimiento que nos ayuden a volver al amor primero o, en su caso, a discernir si lo mejor es iniciar un nuevo rumbo. Lo importante es estar siempre abiertos a la voluntad de Dios. Él sabrá mejor que nosotros cómo y por dónde guiar nuestros pasos, aunque a veces nosotros lo veamos todo muy oscuro.

A propósito de esto último, quisiera apuntar algo más. La vocación requiere de compromiso y de perseverancia, pero estos, a la luz de la fe, no se nutren nunca de un «aguantar por aguantar» a costa de todo, incluso de la propia salud o de la vida. En este sentido, «dar la vida» respecto de un proyecto vocacional no significa aguantar hasta morir en el intento, sino poner toda la humanidad al servicio de Dios y de los otros mientras se vive. La perseverancia es más confianza que aguante, una confianza profunda en que Dios está con nosotros y nos sostiene incluso en los momentos de oscuridad. Es saber que, aunque no siempre entendamos lo que está pasando, él tiene un plan para nuestra vida y nos dará las fuerzas para seguir adelante o la claridad de su luz para emprender un nuevo rumbo. Dios respetará siempre nuestra libertad con un profundo amor a nuestras decisiones si han sido iluminadas por su gracia. En la vida cristiana, la perseverancia se nutre de la oración. La perseverancia es fidelidad a la vocación recibida, pero la fidelidad se mide por la felicidad en el corazón de la persona que realiza su vocación. Por supuesto, no me refiero a pensar que las dificultades nos vuelven infelices. Son parte del camino y hay que aprender a darlo todo, incluso en esos momentos, pero ciertamente no puede darse verdadera fidelidad a costa de la felicidad de los sacramentos y del apoyo de la comunidad. No podemos perseverar solos, necesitamos la gracia de Dios y el acompañamiento a la persona. De la felicidad real, puesta a prueba seriamente. En este sentido, si la «vocación» que crees haber recibido te vuelve profundamente infeliz y amargado, aunque sea años después de haberte lanzado confiadamente a ella, quizá debas preguntarle a Dios una vez más e iniciar de nuevo un proceso vocacional para reforzar la vocación primera o para intuir si Él te invita a surcar otros mares. En ese caso no se resta nada a la verdad de lo vivido si se acoge con agradecimiento. Quédate con esto: fidelidad sí, pero no a costa de la felicidad. Dios sabe cómo hacerte profundamente feliz con sus propuestas vocacionales. Pregúntale, escucha su sueño sobre ti para cada momento de tu historia y lánzate a vivirlo sin miedo y sin complejos.

Lección 15:
El amor y la sexualidad

Uno de los temas de mayor impacto en la adolescencia y la juventud es el del amor. No solo el amor en su sentido más amplio, sino asimismo en su dimensión más íntima y personal: la sexualidad. También en la «adolescencia espiritual» necesitamos afrontar esta dimensión esencial de la persona si queremos forjar una espiritualidad encarnada, real y cotidiana. Esta etapa es un tiempo de descubrimiento, de emociones intensas, de preguntas y de muchas incertidumbres. **No somos solo seres sexuados, pero la sexualidad es ciertamente una parte importante de nuestra identidad personal y, bien orientada, ilumina profundamente nuestra existencia, muy en especial nuestras relaciones humanas y nuestros afectos, que son el principio para un sano servicio a la sociedad y, por supuesto, también a Dios y a la Iglesia.** Por el contrario, una sexualidad mal integrada o reprimida se convierte a menudo en fuente de gravísimos problemas personales y relacionales, e incapacita para un servicio pleno a los demás.

Déjame aclarar ya desde el principio qué enfoque vamos a recorrer en esta meditación sobre el amor y la sexualidad. No presento una catequesis sobre la sexualidad ni una lección de teología moral, sino una reflexión personal sobre la realidad humana encarnada y sexuada a la luz de la fe.

Habitualmente se nos presenta esta cuestión ante dos únicas vías posibles: la vía del rigorismo asfixiante o la vía del laxismo desarticulado. Esa simplificación dialéctica moral no es propia de una conciencia adulta que trata de buscar la voluntad de Dios en todo, también en su dimensión afectiva y sexual. El discípulo de Cristo comprometido con la construcción de su Reino encuentra una tercera opción, la vía del Evangelio, que, ni es rigorista ni es laxista. Es la vía de Dios, que tiene en cuenta todos los matices posibles de la humanidad sexuada, y los ilumina con el ejemplo de su amor y de su misericordia.

Él mismo nos ha dotado de la dimensión sexuada, haciéndonos criaturas a su «imagen y semejanza». Este enfoque nos ofrece un camino precioso de libertad interior, de reconciliación con el placer y con nuestros cuerpos, y de coherencia vital en todas nuestras dimensiones, acogiendo nuestra realidad sexuada como parte de la creación de Dios que somos y que fue vista como «muy buena» por el mismo creador.

Dicho esto, queda claro que nos alejaremos aquí de los extremos que, en el caso de esta cuestión, suelen ser muy ruidosos, manifestándose a menudo con gran escándalo. Por un lado, encontramos la perspectiva que nos presenta este tema como si de él dependiese toda la salvación del ser humano, como si fuese la causa más grave de cuantas pudiesen enumerarse en una supuesta jerarquía de pecado. No estoy revelando ningún secreto: es un enfoque que genera escrúpulos tremendos en la conciencia de la gente y que invita, por su propia exigencia, a la dinámica de la represión que tan a menudo se ha demostrado un gran fracaso social, espiritual y humano, porque incapacita para servir libremente y con alegría a la vocación recibida. Por otro lado, encontramos la perspectiva que no contempla ningún tipo de límite, poniendo en riesgo la propia salud humana y espiritual de las personas, que favorece comportamientos adictivos y egoístas. Es la vía del placer elevado a categoría de ídolo (y de ideología), de la instrumentalización de las personas y del amor. Dicho así parece que no hay solución posible y que cualquier enfoque intermedio se vendería ya de principio al más grave de los relativismos. Sin embargo, el corazón creyente puesto en Dios descubre una vía que se abre paso de forma silenciosa, aunque no sin esfuerzo: la propuesta de Cristo y su Evangelio. Una propuesta enormemente encarnada, liberadora, honesta y responsable con el misterio de la humanidad creada.

Teniendo presente la tensión de los extremos y nuestra intención de iluminar desde la fe una vía intermedia, nos adentramos ahora en el misterio del amor. Durante la etapa de la adolescencia empezamos a aprender qué significa realmente amar y ser amados, y cómo nuestras relaciones afectivas y sexuales impactan en nuestra vida y en nuestro desarrollo como personas. No obstante, en nuestra sociedad, el amor y la sexualidad a menudo se presentan de manera confusa, como si se pudiesen dividir. Se nos habla del amor como si fuera una «emoción», algo que «sentimos» y que depende de los vaivenes de las circunstancias. Por su parte, la sexualidad se ve reducida con frecuencia a la dimensión placentera o a un simple acto físico, desvinculado de su sentido humano y espiritual.

En nuestra reflexión nos alejamos conscientemente de la visión del placer como algo malo, sucio, demoníaco o pecaminoso en sí mismo y lo contemplamos como parte de la realidad creada y sexuada que nos habita a todos los seres humanos. Sin embargo, es bueno llenar de sentido esta realidad para no caer en la trampa de cederle todo el poder sobre nosotros y convertirlo en un ídolo que nos domine, como he mencionado más arriba. Pero vamos por partes.

En primer lugar, es necesario tener en cuenta que el amor es algo más que un sentimiento o algo que «nos pasa». No depende únicamente de las emociones, se juega también y con gran impacto en nuestra voluntad. **El amor no es solo un sentimiento, es también un acto de la voluntad, un «querer amar».** Sin voluntad, el amor queda desprovisto de su esencia, que es el ejercicio costoso y consciente de salir de nosotros mismos de manera generosa hacia los demás, sin pedir nada a cambio. El amor es, por tanto, un sentimiento y una tarea; es un ejercicio cotidiano que requiere «querer amar», no solo «sentir que amo».

En la adolescencia, la idea del amor como sentimiento puede resultar atractiva porque experimentamos «sin querer» conexiones especiales con otras personas, «mariposas en el estómago», dicen algunos, y pensamos que eso es el amor. ¡Claro que esas emociones forman parte de la dinámica del amor humano! Pero, en su sentido más pleno, es mucho más que un simple sentimiento. Es una elección diaria, un querer lo mejor para la otra persona, en el caso del amor de pareja, o para todos los otros, en el caso del amor universal en el que buscamos el bien mutuo más allá de nuestros propios deseos. San Pablo nos ayuda de manera magistral a comprender mejor lo que es el amor en perspectiva cristiana, algo más que una simple atracción física o emocional, un camino de crecimiento mutuo, tanto personal como espiritual: «El amor es paciente, es bondadoso. No es envidioso ni jactancioso, no se envanece ni se irrita. Todo lo disculpa, todo lo cree, todo lo espera, todo lo soporta» (1 Cor 13, 1-8).

Por su parte, la dimensión sexual, como elemento fundamental de la condición humana, no nos habla solo de una función biológica o de un deseo físico, sino de un don que nos ha sido dado a todos los seres humanos y que estamos llamados a llenar de significado. La sexualidad, en su dimensión más plena, es una forma de comunicación silenciosa y de entrega mutua. A través de ella, el ser humano expresa no solo el afecto, sino una unión íntima que refleja algo mucho mayor: la capacidad de amar y ser amados en cuerpo y alma.

Evidentemente, no somos solo cuerpo, pero también lo somos. Somos un cuerpo querido por Dios y soñado para cada uno de nosotros como carta de presentación ante los demás y como lugar sagrado en el que experimentar la realidad encarnada. Pero nuestro cuerpo no puede separarse, por mucho que quiera, de su dimensión espiritual, del alma. El cristianismo no contempla la posibilidad de un dualismo alma-cuerpo, ni siquiera lo cree para el momento de la resurrección, a pesar de que el imaginario colectivo nos presente a menudo el cuerpo y el alma como dos realidades opuestas y en guerra. El cristianismo nos enseña más bien una profunda unidad, misteriosa y difícil de definir, entre cuerpo y alma. Somos las dos cosas, siempre, y ambas realidades de nuestra existencia se nutren y se comunican.

Teniendo esto en cuenta, en el contexto cristiano, la sexualidad se contempla de la mano de la expresión del amor porque manifiesta el mismo amor de Dios por nosotros, amor que nos ha creado con la capacidad de compartir nuestra vida mediante una unión profunda y significativa. Pero debemos estar atentos para no trivializar esta dimensión reduciéndola al placer compulsivo y efímero o usándola para servirnos de otra persona como una mercancía que se puede usar y tirar. Ya lo he dicho y lo repito: **la persona entera (alma y cuerpo) es la que ama, no solo su cuerpo**. Por esta poderosa razón, algunas experiencias sexuales centradas únicamente en el ídolo-placer a costa de todo, desvinculadas de su razón de ser, traen más heridas y vacío interior que verdadera alegría.

Además, la persona que trata de vivir su itinerario espiritual en coherencia con la fe recibida comprenderá, tarde o temprano, que está llamada a recuperar el valor de la sexualidad como expresión del amor, a entenderla como algo que va más allá de lo inmediato y lo superficial, y a abrazar el placer como algo bueno en el contexto del amor que le es propio, como un poder transformador personal y de comunión que da frutos abundantes de vida y de alegría.

Otro aspecto importante es que la sexualidad humana se encarna de forma diversa en cada una de las vocaciones. Existe una tensión sabia y misteriosa entre la dinámica sexual y la dinámica vocacional. Cada persona, en función de su vocación (en pareja, soltera, religiosa o casada), está llamada a una integración distinta de su realidad sexuada. Toda vocación se encarna en una persona concreta y, por tanto, no puede anular ni reprimir la dimensión sexual que le es propia, sino que debe abrazarla e integrarla en función del servicio para el que ha sido llamada.

Por ejemplo, los religiosos, sacerdotes o consagrados que hemos trabajado esta dimensión con transparencia, esfuerzo y honestidad, abrazamos nuestra verdad sexuada leyéndola a imitación de Cristo, que fue célibe, y la asumimos libremente como un compromiso evangélico que nada tiene que ver con la represión o la negación, sino con la búsqueda de una comunión de amor universal que está siempre en camino. No leemos la sexualidad desde la clave de la pureza que nos convierte en una élite de perfectos y que genera escrúpulos y dificultades para nuestro servicio pastoral, sino desde la clave de la pobreza: nos desprendemos con esfuerzo de algo bueno para dar testimonio de la pobreza de Jesús, para manifestar que nuestra vida no posee nada para sí y para mostrar la gratuidad del amor. Que alguien te ame sin pedirte nada a cambio es un escándalo para el mundo de hoy. Por consiguiente, en nuestro caso, no se trata de abstenerse de algo porque sea malo, sino de una renuncia voluntaria de algo bueno para ensanchar nuestra capacidad de amar.

Evidentemente, los consagrados que no trabajen esta realidad en estos términos y que vivan la dimensión sexual en clave de represión, junto a otros componentes de poder como el clericalismo, no estarán capacitados para el servicio pastoral de ningún modo, como se ha venido demostrando tristemente en las últimas décadas. Gracias a Dios, la inmensa mayoría de los religiosos y sacerdotes dan testimonio del amor universal a través de una integración sana de la dimensión sexuada en la vocación para la que han sido llamados. Eso es buena noticia hoy y siempre.

Por su parte, las personas llamadas al matrimonio contemplarán esta realidad como espacio sagrado de comunión íntima que trae consigo la fecundidad de los esposos por la apertura a la vida. O las personas solteras o en pareja se sentirán también llamadas a vivir el ideal del amor encarnado en su propia vocación.

Como puedes intuir, cada vocación requiere un discernimiento propio que debe partir siempre de la realidad sexuada que nos habita para que esta dimensión no se trabaje como terreno represivo, de sufrimiento y de negación, sino desde la clave de la integración de una parte esencial de la condición humana en la propia existencia, al servicio de la vocación recibida, y como lugar de plenitud y realización gozosa en el amor.

Hay algunos valores fundamentales que pueden darte luz para el discernimiento sobre la expresión sexual del amor según tu vocación. Estos valores, que nacen de la propuesta del Evangelio y de la escucha atenta de la realidad humana que nos habita, aportan un marco de sentido que nos permite integrar la dimensión sexual en nuestra vida de manera coherente. Ten en cuenta que deben leerse siempre en conjunto, como parte de un mismo y único ejercicio, sin marginar ninguno de ellos:

- **A.** Libertad. No se trata de una libertad superficial que busca la satisfacción inmediata, sino de aquella que supone el respeto profundo al otro. Amar es un acto de libertad que no puede ser forzado ni condicionado y que, en muchas ocasiones, viene acompañado de renuncias y de esfuerzo. La libertad nos lleva a vivir todas las dimensiones de nuestra vida con plena conciencia y responsabilidad.

B. Fidelidad. Entendida como lealtad al compromiso asumido en cada vocación. La fidelidad fortalece la confianza y permite que la relación con Dios o con otra persona se construya sobre bases sólidas. Además, la fidelidad humana nos recuerda la fidelidad de Dios sobre cada uno de nosotros.

C. Verdad. No puede haber manipulación, engaño o falsedad en la manera en que nos relacionamos con los demás. El amor y la mentira son incompatibles. La verdad nos lleva a ser transparentes con nosotros mismos y con los demás, a vivir nuestras relaciones humanas sin máscaras, de forma auténtica y honesta. Supone también conformarse con la verdad revelada del Amor con mayúsculas.

D. Amor. El amor es el valor más importante para una lectura espiritual de dimensión sexuada. Es lo que da sentido a la entrega amorosa. Sin amor, toda expresión de amor agota su significado y la persona entera se percibe en un estado de vacío interior.

E. Salud. La dimensión sexual vivida de modo responsable también implica cuidar la salud física, emocional y espiritual. Las relaciones amorosas deben proteger la dignidad física y existencial de las personas. Vivir la sexualidad de manera saludable implica ser responsables con nuestros cuerpos, nuestras emociones y nuestras almas, y cuidarlos como un tesoro.

F. Discernimiento. Las decisiones en este ámbito deben tomarse sin imponer ideas o deseos, sino buscando en todo un amor gratuito. Esto implica escucha y diálogo sinceros a la luz del amor. PROYECTO DE VIDA: la dimensión sexual se integra en un proyecto de vida. No se vive aisladamente, sino como una expresión que se da en comunión con toda la vida. La condición sexuada integrada en el contexto de un proyecto de vida nos ayuda a crecer como personas, a fortalecer nuestra relación con los demás y a construir una vida basada en el amor generoso y la entrega mutua.

Parece claro, la sexualidad forma parte de un proyecto mucho más amplio: la vocación al amor. Este proyecto humano es, en esencia, una vocación que nos invita a crecer, a madurar y a descubrir el sentido de nuestra existencia en el amor. De hecho, quizá amar sea la vocación más profunda de todo ser humano. Esta vocación al amor se expresa de muchas formas: en nuestras relaciones familiares o de amistad, en nuestro trabajo, en el servicio a los demás, especialmente a los más vulnerables del mundo y, también, en nuestra realidad afectiva y sexuada. Desde esta perspectiva, el proyecto humano en consonancia con el proyecto de Dios nos invita a vivir de manera coherente con nuestra dignidad y con la dignidad de los demás, construyendo relaciones que nos ayuden a crecer como personas y que reflejen el amor de Dios por nosotros. Este proyecto de vida no es fácil, ¿quién dijo que amar era fácil? Requiere paciencia, discernimiento y, sobre todo, la gracia de Dios para que seamos capaces de amar como él ama. ¡Vamos a intentarlo!

Lección 16:
El problema del mal

Si Dios es bueno, ¿por qué permite que sucedan cosas malas? ¿Por qué existe el mal? ¿Por qué sufren los inocentes? Seguro que has escuchado estas preguntas alguna vez o, incluso, te las has planteado en primera persona. Estas preguntas no son solo teóricas, son profundamente personales y pueden afectar a nuestra experiencia de fe según cómo nos acerquemos a ellas.

El mal es una realidad innegable en el mundo. No necesitamos ir demasiado lejos para darnos cuenta de que existen pequeñas o grandes tragedias personales a nuestro alrededor: enfermedades, injusticias sociales, guerras, pobreza o desastres naturales. Incluso parece estar en algún rincón de nuestra existencia porque pronto nos percatamos de que no hacemos todo el bien que deseamos. Esta presencia puede ser desalentadora, especialmente en la etapa de la adolescencia y la juventud espiritual, en la que tendemos a idealizar el bien y a manifestar deseos de cambiar el mundo. En esta etapa llena de sueños interiores, el mal aparece como un impedimento, un obstáculo constante y una limitación conflictiva, pero la fe nos invita a mirar más allá de lo inmediato, a no quedarnos atrapados en el sufrimiento, sino a buscar toda la luz posible en medio de la oscuridad. No se trata de negar el mal, sino de reconocer que, a pesar de su presencia, el amor de Dios lo sobrepasa y sigue actuando en el mundo, transformando el mal en una oportunidad para el bien.

Una de las preguntas más difíciles de responder desde la fe es la que he recogido en primer término y que repito ahora: *si Dios es bueno y todopoderoso, ¿por qué permite el mal?* En primer lugar, hay que decir que se trata de una pregunta perfectamente legítima para la que no hay una respuesta fácil ni determinante. A lo largo de la historia, muchos teólogos y filósofos han tratado de abordar esta cuestión, siempre de manera limitada. Sus teorías nos dan una primera clave interesante si las leemos en conjunto: no han buscado una respuesta que elimine el misterio del mal, sino aquella que nos ayude como humanidad a convivir con ese misterio desde la fe. Entonces la pregunta que más bien nos podemos hacer es: ¿de qué forma la fe nos ayuda a iluminar el misterio del mal?

En la tradición cristiana hay una convicción fundamental sobre la que se debe construir toda reflexión sobre este misterio: el mal no es algo querido por Dios. Dios es Amor y Bien; todo lo que él crea es bueno. El mal es algo distinto de Dios, proviene de un lugar distinto a sí mismo porque Dios no puede contradecirse, no puede ser Bien absoluto y mal. Si es Bien absoluto, el mal debe pensarse fuera de él. Entonces ¿de dónde viene el mal? Uno de los lugares más comunes para buscar ese origen se encuentra en la propia libertad humana. Dios, que nos hizo libres, soñaba con una libertad gestionada para el bien, pero el ser humano no respondió así al sueño de Dios. El mal sería el resultado de la libertad humana mal empleada. Entonces te seguirás preguntando: ¿por qué Dios nos dio la libertad si sabía que podíamos usarla mal? Porque, ya lo dijimos, el amor verdadero solo es posible si se da en absoluta libertad. Dios no ha creado marionetas que dirige con sus hilos, sino personas libres, tan libres que pueden decirle al Creador que no creen en él. De algún modo, Dios, dándonos la libertad, se arriesga a sí mismo; pero no podía no dárnosla porque su amor es verdadero. Dios no quiere que lo amemos de manera forzada o mecánica, quiere que lo elijamos libremente, que decidamos amarlo y amarnos unos a otros. Esa libertad conlleva riesgos, pero es lo único que permite al ser humano crecer en el amor. En este sentido, Dios no desea el mal entre nosotros, sino que, a pesar del mal que nos rodea, él no nos abandona. Aunque no puede impedir que suframos las consecuencias de nuestras elecciones, porque, si no, no seríamos libres, nos demuestra que está presente en nuestro sufrimiento, acompañándonos y ofreciéndonos una oportunidad para redimir el mal y transformarlo en posibilidades de bien.

Por otra parte, al hablar del mal, resulta inevitable mencionar la realidad espiritual del pecado, que es el mal leído en clave religiosa. Podemos acercarnos al pecado desde la perspectiva de la culpa o tratar de comprenderlo desde la perspectiva de la redención. El pecado forma parte de la condición finita, «caída», limitada y frágil de la que formamos parte, y nos aleja de la identidad de hijos de Dios. Cuando dejamos espacio al pecado en nuestra vida con palabras, pensamientos, obras u omisiones que no construyen el Reino del amor de Dios, nos alejamos voluntariamente de ese mismo amor al que hemos sido llamados y, en consecuencia, experimentamos una ruptura en nuestras relaciones más profundas. Ahora bien, reconocer la acción del pecado en nosotros no es una forma de castigarnos o de vivir escrupulosamente atados a la culpa, actitud que no soluciona nada, aparte de ser poco madura. Al contrario, al reconocer nuestra limitación se nos brinda una oportunidad preciosa para dejarnos crecer personal y comunitariamente gracias a la misericordia que Dios mismo nos ofrece. ¿Recuerdas? «Donde abundó el pecado, sobreabundó la gracia». Al reconocer nuestra fragilidad nos decimos a nosotros mismos que no somos perfectos y que necesitamos la ayuda de Dios para parecernos a él, que es perfecto. Esta conciencia de nuestra limitación nos invita a vivir en una actitud de apertura a la gracia de Dios constante, sabiendo que, aunque somos limitados, Dios está siempre dispuesto a salir a nuestro encuentro, a abrazarnos, a besarnos, a devolvernos la dignidad dañada y a hacer fiesta por nuestra conversión (Lc 15, 11-32). Además, una sana y justa conciencia de pecado, sin dramatismos, nos permite vivir con una mayor comprensión hacia nosotros mismos y hacia los demás, porque somos seres que «comparten» la fragilidad. Todos estamos en el mismo barco y necesitaremos, tarde o temprano, sentirnos abrazados por el perdón y la misericordia de Dios, que se nos da siempre gratis y sin juicios lacerantes. **El pecado no es un callejón sin salida, sino una puerta abierta a la posibilidad de redención.** Y a partir de aquí, recuerda lo que dije sobre la exigencia del amor… porque nos sentimos profundamente amados, la próxima vez intentaremos responder con nuestro amor y no con nuestra limitación. Ni más ni menos que el amor en práctica.

Otro lugar en el que podemos reparar para pensar sobre la realidad del mal es en el sufrimiento. El cristiano adulto y coherente con su fe no busca el sufrimiento ni lo idealiza, sino que, cuando de forma inevitable viene, elige cómo responder. Podemos dejar que el sufrimiento nos destruya o podemos leerlo como una oportunidad inevitable y dolorosa, pero oportunidad, al fin y al cabo, para crecer, para aprender, para transformarnos o, más aún, para transformar el mundo con nuestro testimonio. En la vida de los santos, vemos muchos ejemplos de personas que, a pesar de haber sufrido profundamente, eligieron responder al mal con amor. San Juan de la Cruz, por ejemplo, escribió algunas de sus obras más bellas, profundas y espirituales, mientras estaba encarcelado injustamente. Pero ¿no es Jesucristo el mayor ejemplo para nosotros sobre cómo responder al mal y al sufrimiento con amor? Sin duda, el testimonio vivo de Cristo cargando con la cruz injustamente, pero con profundo amor a la humanidad, nos sigue estremeciendo. Ahora bien, a las personas con fe, nos consuela saber que el mal y el sufrimiento no tienen la última palabra. Que detrás de la cruz, de toda cruz, hay vida abundante. Ningún sufrimiento lo es en vano, porque el sufrimiento de Jesús fue redentor para todos nosotros. En definitiva, esta verdad nos grita al corazón que el sufrimiento no es bueno en sí mismo ni querido por Dios, sino que, cuando llega inevitablemente a nosotros, Dios lo transforma en posibilidades de vida nueva. ¡Eso es! Dios no quiere nuestro sufrimiento, ni la muerte; pero, de donde nosotros sacamos solo dolor y muerte, porque nos quedamos ahí, sin ver más allá, él saca vida abundante.

Considerando lo dicho hasta aquí, te habrás dado cuenta de que la fe cristiana no niega la realidad del mal, pero tampoco se queda anclada en la desesperanza. Al contrario, una de las características más hermosas de la experiencia cristiana es su mensaje de esperanza. No importa cuán oscuro parezca el mundo, siempre hay esperanza. Y esa esperanza no es una ilusión o una fantasía, sino una realidad encarnada en la persona de Jesucristo, que ha muerto y ha resucitado por nosotros. Su resurrección es el fundamento de nuestra esperanza porque venció con amor al mal y a la muerte, inaugurando para nosotros la posibilidad de seguir su ejemplo anunciando con nuestra vida y con nuestro testimonio que el poder del mal es limitado frente al poder del amor. Aunque el mal sigue presente entre nosotros, su victoria no es definitiva y donde hay una sola persona que responde al mal con amor, allí se renueva la esperanza.

Entonces ¿qué podemos hacer ante el mal? En primer lugar, no responder con otro mal, sino con todo el bien posible. Solo así la dinámica del mal se desarticula y queda en evidencia su flaqueza. En segundo lugar, podemos orar porque sabemos que la oración es una herramienta poderosa que nos permite hacernos fuertes como instrumentos de paz en el mundo. En tercer lugar, podemos y debemos actuar. Aunque no vamos a eliminar la presencia del mal en el mundo, podemos colaborar con gestos pequeños y con nuestra denuncia pacífica de la injusticia y de las situaciones de mal que afectan a la dignidad de las personas. Como nos propone el Papa Francisco en su preciosa encíclica *Dilexit Nos*, la cual te invito a leer encarecidamente, «el mundo puede cambiar desde el corazón [...] Nuestro corazón unido al corazón de Cristo es capaz de este milagro social» (2024, n. 28). Dios nos acompaña, nos fortalece y nos invita a seguir adelante con confianza porque sabe que el mal no tiene la última palabra.

Lección 17:
Pobreza y solidaridad

A partir de la «adolescencia espiritual», en el corazón creyente aparecen de forma natural grandes deseos de cambiar la realidad y el entorno, colaborando con la erradicación de cualquier dinámica que suponga un menosprecio para la dignidad humana. Es la respuesta coherente de una persona que, en su camino espiritual, se va convirtiendo poco a poco en verdadero discípulo de Cristo. **El servicio a los más pobres de la Tierra y la urgencia de la solidaridad no es una opción, sino una exigencia fundamental de la experiencia de la fe cristiana.** A medida que crecemos espiritualmente, nos volvemos más sensibles a los espacios de injusticia, desigualdad, pobreza y marginación que afectan a millones de personas en todo el mundo. Estas realidades no solo nos conmueven, sino que nos mueven, nos impulsan a preguntarnos cómo podemos contribuir, desde nuestra propia vida, a construir un mundo más justo y solidario.

La mala distribución de la riqueza en el planeta plantea grandes desafíos para el mundo actual. Sin embargo, desde la perspectiva creyente, no se contempla esta realidad únicamente desde el prisma de las riquezas materiales, sino como una dinámica humana que debe leerse de forma más amplia y global porque se trata de una realidad que afecta a la dignidad y a la vida de las personas. Ante este panorama, la fe también nos ofrece una mirada de esperanza sostenida en el compromiso personal y comunitario, pero, sobre todo, nos invita a ver en cada persona pobre y necesitada el rostro de Cristo y a responder con un corazón compasivo y solidario.

Cuando hablamos de pobreza, tendemos a pensar en la falta de recursos materiales: dinero, vivienda, alimento o educación. Ciertamente, esta es una de las formas más evidentes de pobreza, pero no la única. Es innegable que millones de personas en el mundo viven en condiciones de extrema necesidad, sin acceso a lo más básico para una vida digna. Sin embargo, la pobreza va mucho más allá de lo material y existen otras muchas formas de pobreza que, aunque no siempre son visibles, afectan de modo profundo a la vida de las personas. Pienso en las adicciones, la soledad no deseada, la marginación, la explotación laboral, etc. Todas ellas, pobrezas que tienen que ver con la falta de amor personal o social. De hecho, una persona puede tener todo lo necesario para vivir desde un punto de vista material, pero sentirse sola y vacía. Esta pobreza interior es igualmente devastadora cuando no se abraza con libertad y por voluntad. Teniendo esto en cuenta, la fe cristiana nos invita a ver la pobreza ampliando la mirada, desde una perspectiva más amplia, capaz de identificar todo aquello que impide a una persona vivir en plenitud.

Como respuesta a la necesidad de cambio surge el deseo solidario en cuantos percibimos la vida con agradecimiento por los bienes recibidos. Entonces empezamos a reconocer que nuestras decisiones y nuestras acciones tienen un impacto directo en la vida de los demás y que podemos colaborar para que esta sea mejor. Este deseo de cambiar el mundo y de luchar por la justicia social es una semilla que puede convertirse en una auténtica vocación de servicio si se cultiva con cuidado a lo largo de toda la vida; pero este deseo solidario debe ser guiado. Es muy importante ser consciente de que la solidaridad no es una emoción o un impulso, sino una actitud de vida que requiere compromiso y perseverancia porque al otro lado no hay objetos, sino personas. De ahí que debamos tener cuidado para no instrumentalizar la pobreza como medio para tranquilizar nuestras conciencias. Todo acto solidario debe estar sostenido por la vocación interior de servir al otro generosa y gratuitamente, y por la preparación adecuada para que no se pueda jugar con la dignidad de los pobres.

El voluntariado es una de las formas más concretas a través de la cual podemos canalizar nuestra vocación de servicio. Este medio nos saca de nuestra zona de confort y nos confronta con realidades diversas a la nuestra que pueden estar cerca o lejos de nosotros, pero, sobre todo, nos invita a mirar el mundo con los ojos de Dios. Por eso el voluntariado no puede definirse solo como un gesto de solidaridad, sino como una experiencia que puede transformar la manera de desenvolvernos en el mundo. Nos enseña a vivir de modo más pleno, a reconocer la interdependencia de las acciones, de las personas y sociedades, y a valorar lo esencial. Además, en una sociedad que a menudo nos empuja hacia el individualismo y el éxito personal, el voluntariado nos recuerda que la verdadera felicidad no se encuentra en acumular cosas o éxitos, sino en entregar la vida para que otros vivan.

Cuando decidimos regalar parte de nuestro tiempo y de nuestras energías al servicio de los más necesitados, estamos tomando una decisión que, en el fondo, nos define y nos construye a nosotros mismos. Nos damos cuenta de que el mundo no gira en torno a nosotros y que, en realidad, nuestra vida adquiere mayor sentido cuando la ponemos al servicio de los otros. Esto no supone la renuncia a nuestras aspiraciones en la vida (excepto para aquellos que dan la vida entera para servir a los pobres), sino la integración de nuestros sueños personales en un proyecto de vida que no olvida a los demás.

Uno de los peligros al que debemos estar atentos cuando comenzamos a involucrarnos en el voluntariado o en el servicio a los demás es el de romantizar la pobreza. Para evitarlo, es importante recordar que la pobreza, en sí misma, no es un valor que debamos alabar, sino que es la causa de una mala gestión de nuestra humanidad, que ha sido incapaz de distribuir los bienes equitativamente de modo que todos puedan salir de esa situación y vivan una vida digna. La pobreza es una injusticia, una realidad que niega la dignidad de las personas y que impide su pleno desarrollo. Aunque muchas personas que viven en contextos de pobreza son para el resto del mundo verdaderos maestros de dignidad a pesar de sus dificultades, esto no significa que la pobreza en el sentido que estamos expresando sea algo deseable o que no deba ser combatida. Cuando romantizamos la pobreza, corremos el riesgo de perder de vista la urgencia de luchar contra las estructuras que la sostienen, contra las políticas que la favorecen o contra las actitudes que la promueven. Podemos caer en la trampa de pensar que los pobres están bien como están, participando con esta visión en la creación de una cultura deshumanizante.

La verdadera solidaridad no romantiza la pobreza, sino que hace todo lo posible para que el pobre se desarrolle plenamente, mejorando sus capacidades materiales, espirituales y emocionales. La solidaridad bien entendida, reconoce, en definitiva, que cada persona tiene derecho a la vida más digna posible, a satisfacer sus necesidades básicas e, incluso, a permitirse espacios de ocio y de descanso.

Otra cuestión que debemos poner sobre la mesa es el fenómeno actual del «postureo» del servicio; es decir, la tendencia a realizar actos de caridad o servicio no por un verdadero compromiso con los demás, sino para obtener reconocimiento y aprobación social o para ganar *likes* con una foto sosteniendo un niño pobre en brazos. ¡Cuidado! No estoy demonizando esas imágenes, que quedan justificadas si hay detrás una verdadera motivación testimonial de servicio, sino alertando de que es fácil caer en la tentación de hacer del servicio una forma de autoafirmación. Por eso es importantísimo que las personas que van a realizar un voluntariado evalúen con alguna persona competente sus motivaciones y sus capacidades. No podemos jugar con la dignidad de los otros para provecho propio, porque el verdadero servicio no busca el aplauso ni el reconocimiento. **La solidaridad auténtica se vive más bien en el silencio y solo se hace pública para favorecer una cultura del cuidado común y de la solidaridad.** Solo en ese caso está justificado salir del anonimato y animar a otros, con nuestro testimonio, también gráfico, para que ellos hagan lo mismo. Se trata de estar realmente al servicio de los demás, de hacerse presentes en sus vidas sin esperar nada a cambio.

El peligro del postureo es que convierte el servicio en un espectáculo y lo priva de su verdadera razón de ser, que es el puro amor. Postureo son los viajes turísticos a lugares de pobreza para hacerse la foto. Ese enfoque distorsiona el sentido de la solidaridad y convierte a las personas que reciben la ayuda en meros instrumentos para nuestra propia satisfacción. El servicio cristiano, por el contrario, nos llama a actuar desde la humildad, a servir a los demás desde el anonimato, con un corazón desinteresado, excepto cuando se deba dar testimonio de ello ante otras personas que necesiten ser sensibilizadas, moviéndolas así hacia el compromiso. No es lo mismo ser turista cuatro días que ser misionero o voluntario un tiempo prudente en un lugar en desarrollo. El segundo tiene más autoridad que el primero para compartir su testimonio si considera que puede motivar a otros a servir. Pero siempre es bueno recordar que el verdadero servicio, nos recuerda Jesús, no necesita ser visto ni reconocido (Mt 6,2), porque su valor está en el amor que se pone en él.

Para finalizar esta lección, quería traer a la reflexión una última cuestión que me parece importante tener en consideración en este contexto. Me refiero a la pobreza como una opción libre y voluntaria o por la elección de una vida sencilla, enraizada en los valores eternos y en el ejemplo de Jesucristo. En ese caso, no se trata de una renuncia forzada, sino de la elección consciente de vivir con menos recursos para centrarnos en lo que verdaderamente importa. Optar por una vida sencilla significa liberarnos de la necesidad de acumular cosas innecesarias, pero, sobre todo, significa no tener el corazón apegado a las cosas materiales y comprenderlas solo como recursos de los que, en un momento dado, podríamos prescindir. No se nos va la vida con ellas; la vida se juega en los valores eternos que ningún ladrón puede robarnos. El camino creyente, de hecho, debería contemplar la dinámica del desprendimiento en algunos momentos de la vida, de modo que cada vez seamos más libres y favorezcamos que otros puedan disfrutar de aquellos recursos a los que renunciamos libremente.

El desprendimiento y la sencillez no tienen nada que ver con la miseria o la cutrez, sino con el lugar en el que está puesto el corazón. Se pueden tener recursos fruto del trabajo y el esfuerzo, pero no buscar la plenitud en ellos, sino en aquello que no se puede comprar: la amistad, la solidaridad, el amor, la comunión con Dios... Vivir de manera sencilla es, por tanto, un acto de libertad que colabora con un mundo más solidario.

TERCERA ETAPA:

EL «DESIERTO» DE LA MADUREZ

Hemos superado juntos las dos primeras etapas. Este recorrido por nuestra vida nos ha capacitado para adentrarnos en el «desierto» de la madurez, la tercera etapa de esta peregrinación interior iluminados por la fe. Como habrás visto, es un camino interior y exterior al mismo tiempo, porque la contemplación de nuestra vida cotidiana y de las cuestiones que nos interpelan en ella pueden servirnos para entrar «más adentro en la espesura» de nuestra vida. Salir y tratar de ver la realidad con los ojos de Dios será paradójicamente un entrar en el misterio de la humanidad que nos habita.

Esta tercera etapa nos presenta preguntas áridas, complejas y difíciles, en muchos casos dolorosas, que toda vida espiritual adulta debe aprender a abrazar y a aceptar con confianza. Es la etapa de la fidelidad y de la prueba del amor, el momento vital en el que buscamos con conciencia plena nuestra verdadera felicidad. Todo desierto se vuelve difícil de caminar, mucho más si falta el agua de los esenciales que presentamos al principio de este libro. Es en este momento de sequedad vital cuando experimentaremos verdaderamente que «solo la fe nos alumbra». Cuando todo parece haberse oscurecido y la sed nos consume, la fe se vuelve oasis que calma nuestra historia y nos ilumina nuevos derroteros hacia los que podemos dirigir nuestros pasos.

Lección 18:
Proyecto de familia

La vida adulta trae consigo una serie de decisiones que impactan profundamente en nuestra existencia. De alguna manera, las decisiones que abren la puerta a la espiritualidad adulta configuran también nuestra experiencia de fe. Entre las decisiones más importantes se encuentra la de formar una familia. Para muchos, la familia es el centro y el corazón de su vida, el lugar donde se experimenta el amor, el apoyo sin condiciones y el crecimiento. Sin embargo, también es un desafío lleno de sacrificio y de dificultades para los que hay que adquirir cierta madurez, sabiendo, por otra parte, que nunca se es del todo maduro en este contexto, porque la familia es un camino que se recorre junto a otros a los que amamos, un proceso vital de comunión entre personas sostenidas por el amor. Visto así, **la creación de un proyecto de familia está muy lejos de ser simplemente una cuestión de construir un hogar y tener hijos. Es mucho más, un acto consciente de construir con esfuerzo una comunidad de amor, un espacio en el que todas las personas puedan desarrollarse plenamente desde el cariño, el respeto y, también, la fe**. Como puedes suponer, este proyecto requiere un gran compromiso, un enorme sentido de la responsabilidad y una apertura constante al crecimiento mutuo. Más allá de las imágenes idealizadas, la vida familiar es un camino durante el que se afrontan desafíos importantes y en el que la fe aparece como una herramienta maravillosa en muchas ocasiones.

A pesar de los desafíos que presenta la imagen de la familia como una institución en crisis, sigue siendo el lugar donde las personas encuentran sentido, consuelo y apoyo. Es el núcleo básico de la sociedad y un reflejo del amor de Dios en el mundo, un espacio en el que no se da un amor superficial o idealizado, sino probado por los avatares de la vida cotidiana en los pequeños gestos, en los momentos compartidos o en los sacrificios comunes para salir de las dificultades que vienen a nosotros. Es la primera escuela y la más importante en la que aprendemos a dar y a recibir, a perdonar, a acompañar, a cuidar de los mayores y de los niños o a crecer junto a otros.

La familia no es una entidad estática, sino un organismo comunitario vivo que evoluciona y crece con el tiempo. Pero, además, es el lugar en el que aprendemos a ser quienes realmente somos o, al menos, así debería ser. Un espacio de seguridad en el que no sea necesario fingir ni maquillarse ni utilizar ningún tipo de máscaras. El verdadero amor facilita que cada persona se muestre tal cual es y, así, siga siendo amada. En este sentido, la familia es un espacio de seguridad en el que podemos ser vulnerables sin miedo al juicio.

Creo que uno de los errores que cometemos al pensar en la realidad de la familia es reducirla a su ideal. En ese caso, pronto descubrimos que nuestra familia no se ajusta a ese ideal que parece que viven el resto de las familias. Pero, en realidad tampoco es así. La sabiduría popular nos lo dice bien claro: «En todas las familias cuecen habas». Es decir, cada familia, todas las familias tienen sus propios espacios de conflicto y de tensión. Por eso es bueno ir más allá del ideal de familia para acoger esta realidad desde su verdad encarnada. La realidad nos demuestra que todas las familias afrontan sus propios desafíos y circunstancias particulares. La familia de

Nazaret, por muy ideal que se nos quiera presentar, afrontó enormes dificultades, pero estuvo sostenida siempre por el proyecto del amor de Dios. De ellos podemos aprender a dar más peso al proyecto de familia que al modelo de familia. Tampoco el modelo de la familia de Jesús encajaba en los patrones sociales de su tiempo y, sin embargo, es, paradójicamente, ejemplo para nuestra vida familiar por su proyecto de amor y de fe, que supera todos los juicios sociales. Es más, Jesús mismo no se limita a los lazos de sangre al hablar de la familia y, por tanto, ensancha su comprensión del modelo de familia, pues apela a la familia como el núcleo en el que las relaciones se construyen en torno al amor de Dios, a la escucha de su Palabra y a la fe compartida. A eso me refiero cuando hablo de «proyecto» de familia, a la construcción de un entorno familiar sostenido en una profunda comunión de amor, a ejemplo del amor de Dios.

Cada familia, con su singularidad y sus desafíos, tiene la capacidad de vivir los valores a los que he remitido y de hacer de su hogar un espacio testimonial del que otros puedan nutrirse. **Lo que hace que una familia sea auténticamente cristiana no es la perfección, sino su conformidad con la voluntad de Dios y la capacidad de amar de sus miembros.** Por esta razón, la familia es una auténtica vocación. Dios llama a cada persona a vivir el amor en todas sus dimensiones, y el proyecto familiar es una de las formas más hermosas de responder a esta llamada. Además, al igual que en cualquier vocación, la familia implica un compromiso profundo, un deseo de buscar lo mejor para los demás y un camino de santificación común.

La vocación familiar requiere paciencia, esfuerzo y la voluntad constante de poner el amor en el centro de todo, no solo en los momentos felices y fáciles; también en las dificultades, en los desacuerdos y en las pruebas. Me acuerdo aquí del testimonio de un matrimonio que, después de nueve años casados, se separó por una situación dolorosa para ambos. Tenían dos hijos adolescentes en común. Después de dos años de separación y de haberle dedicado tiempo al discernimiento personal y común, decidieron reconstruir la vida familiar. Entonces, vinieron a la parroquia y solicitaron una celebración de renovación del matrimonio. ¡Y qué celebración más hermosa compartimos! Todo en aquella celebración me dio un profundo testimonio de amor y de verdad. Ya no necesitaban máscaras, y el perdón mutuo brotaba gratuito en cada gesto. Se me quedaron grabadas las palabras de ella en tono de agradecimiento: «La familia es lo primero y el perdón la salva. Sin ningún rencor. Sin nada que reprochar». El amor lo hizo posible.

Recuerdo también el testimonio de una madre soltera que había sido abandonada por su pareja. Con gran esfuerzo, con mucha fe y no siempre comprendida y apoyada por los que la rodeaban, fue capaz de llevar adelante a su familia. Ella y sus dos hijos pusieron el amor en el centro de la vida, y el amor hizo el resto.

Como estos, me he encontrado con otros tantos testimonios preciosos de familias sostenidas en el amor, más allá de si se trataba de modelos ideales o perfectos. Doy fe de que Dios ha sabido colarse en los rincones más oscuros de aquellos proyectos de familia en los que sus miembros han dejado hueco para el amor. Las crisis provocadas por problemas económicos, de salud, diferencias de opinión o el desgaste de la propia vida cotidiana no han podido apagar el amor de Dios y han fortalecido en muchos casos la vida familiar. Aunque dolorosas, pueden ser una oportunidad para crecer personal y familiarmente. Las crisis nos invitan a revisar nuestras prioridades, a redescubrir el sentido del proyecto familiar en el que estamos involucrados y a fortalecer nuestra capacidad de entrega y de amor.

El Papa Francisco propuso en una ocasión tres palabras sobre las que sostener la vida familiar: «por favor», «perdón» y «gracias».

A. «Por favor» expresa la necesidad de practicar la humildad y el respeto mutuo. Pedir permiso supone el reconocimiento de que el otro no está obligado a cumplir nuestras expectativas y nos invita a vivir en una actitud de servicio mutuo, no como obligación, sino como una elección libre y amorosa.

B. «Gracias». No hay que aprender a decir gracias solo fuera de casa sino, sobre todo, dentro de ella. Dar las gracias en el hogar supone reconocer el amor del otro. La palabra «gracias» rompe con la rutina que nos hace olvidar los gestos pequeños de amor compartido, y la actitud de agradecimiento fortalece el vínculo de la convivencia familiar.

C. «Perdón» es clave para restaurar las relaciones que, inevitablemente, se enfrentarán a tensiones y discrepancias. Pedir perdón y ofrecerlo no es un signo de debilidad, sino de una enorme valentía que manifiesta el deseo de un corazón adulto por restaurar las relaciones rotas. El perdón nos permite recomenzar una y otra vez. ¡No vayáis a dormir ningún día sin antes haberos reconciliado!

Estas palabras bien pueden ser tres pilares sobre los que construir un proyecto de familia iluminado por la fe.

Lección 19:
Mujer, homosexualidad y divorcio

En el desierto de la madurez espiritual nos encontraremos irremediablemente con algunas cuestiones que, por desgracia, siguen siendo «cuestiones de frontera». En este sentido, resulta pertinente comenzar esta meditación con una breve justificación de por qué trato estas tres cuestiones en una sola lección y en este momento concreto del camino.

Ante el ruido mediático que generan la cuestión de la mujer, de la homosexualidad y de las personas divorciadas, al menos en el contexto de la fe, creo que se vuelve necesaria una reflexión madura, pausada y serena entorno a ellas. Por esta razón las traigo aquí a colación, porque una respuesta adolescente tenderá, por su propia naturaleza apasionada, a buscar respuestas definitivas y cerradas a cuestiones que, de por sí, son complejas.

Si queremos iluminar estas cuestiones desde la fe, es necesario haber recorrido gran parte del camino y haberse adentrado primero en otros grandes temas que pueden iluminar los que ahora tratamos. Además, los trato en conjunto porque los descubro como tres fronteras de un espacio común: el espacio de la sed manifestada en forma de pregunta insistente por parte de las personas y, también, el espacio de la poca paz que generan las respuestas más superficiales. Son tres fronteras que todavía pueden pensarse mejor a la luz del Evangelio y de la fe, como, de hecho, se ha sugerido a la Iglesia en los diversos grupos sinodales del proceso de renovación que está viviendo desde que el Papa Francisco lo pusiera en marcha en 2021.

Sobre la cuestión de las personas separadas y divorciadas, resulta oportuno recordar que el simple hecho de vivir esa situación no las «excomulga» de la Iglesia como se piensa popularmente. Una persona bautizada que se ha separado o divorciado no está excomulgada y, por tanto, puede participar con todo derecho en la vida de la Iglesia en las mismas condiciones que cualquier bautizado. Ahora bien, en la encíclica *Amoris Laetitia* (2016), el Papa Francisco invita a los bautizados que han experimentado la ruptura del matrimonio, pero que desean iniciar una nueva relación en pareja o volverse a casar, a vivir un proceso de discernimiento antes de afrontar la renovación de su vocación matrimonial. No creo que sea descabellado el hecho de que, ante la herida que supone para muchos la ruptura, la Iglesia sugiera un tiempo de sanación personal y un discernimiento que permita a la persona vivir en paz su propio proceso para que, dado el caso, pueda solicitar la nulidad del matrimonio anterior mientras continúa como miembro vivo y activo de la comunidad, y se prepara para su reincorporación a la comunión eclesial con el nuevo matrimonio. Por consiguiente, tiempo, proceso y discernimiento para llenar de paz y de luz el corazón es lo que propone la Iglesia en este momento ante la situación de las personas que sufren la ruptura del matrimonio.

En segundo lugar, sobre la cuestión de la homosexualidad, me limitaré aquí a citar las palabras del Papa Francisco y a mencionar sus gestos respecto de las personas homosexuales por considerar que son luz en sí mismos para cuantos encarnan esta condición sexual. Presento sus manifestaciones a modo de crónica indicando la fecha en que se produjeron:

29/07/2013: (*Vuelo de vuelta de la JMJ Río de Janeiro a la prensa*). «Si una persona es gay y busca a Dios y tiene buena voluntad, ¿quién soy yo para juzgarlo?».

19/04/2019: (*Encuentro con el cómico gay Stephen K. Amos*) «Dar más importancia al adjetivo (homosexual) que al nombre no es bueno. Hay personas que prefieren elegir o descartar a otras personas por el adjetivo. Estas personas no tienen un corazón humano».

20/10/2020: (*Documental Francesco*) «Las personas homosexuales son hijos de Dios y tienen derecho a una familia. Nadie debería ser expulsado o sentirse miserable por ello. Lo que tenemos que crear es una ley de unión civil. De esa manera están cubiertos legalmente. Yo defendí eso».

21/06/2021: (*Carta manuscrita a James Martin, SJ*) «Pensando en tu trabajo pastoral (con católicos LGBTIQ+I) veo que continuamente tratas de imitar este estilo de Dios (cercanía, compasión y ternura). Eres un sacerdote para todos y todas como Dios es Padre de todos y de todas».

26/01/2022: (*Audiencia general*) «Padres que ven en los hijos orientaciones sexuales diversas. ¿Cómo afrontar esto? Acompañando a los hijos y no escondiéndose en una actitud condenatoria».

08/05/2022: (*Carta manuscrita a James Martin, SJ*) «Dios es Padre y no reniega de ninguno de sus hijos.

Me gustaría que (las personas homosexuales) leyesen el libro de los *Hechos de los Apóstoles*, allí está la imagen de la Iglesia viviente. (A un católico LGBTIQ+ que experimenta el rechazo de la Iglesia) le haría ver que no es el rechazo de la Iglesia, sino de personas de la Iglesia. Una Iglesia selectiva, de pura sangre, no es la Santa Madre Iglesia, sino una secta. Gracias por todo lo que haces».

25/01/2023: (*Entrevista a AP*) «Ser homosexual no es un delito». (En la misma apela a la ternura y reconoce que todos somos hijos de Dios. Define el tema legal y pide que se garanticen los derechos de los homosexuales).

12/03/2023: (*Entrevista de Jorge Fontevecchia*) Sostiene el derecho de las personas homosexuales a la unión civil. «Lamentablemente hay unos treinta países que criminalizan la homosexualidad. De esos treinta, casi diez tienen la pena de muerte. Eso es muy grave. Ya lo dije muy claro. Aquí a la audiencia general vienen personas que son de agrupaciones homosexuales, que están entre la gente. Yo saludo a todo el mundo. Todos son hijos de Dios, y cada uno busca a Dios y lo encuentra por el camino que puede. Dios solamente aparta a los soberbios. Los demás, pecadores todos, estamos todos en la fila».

31/03/2023: (*Entrevista de Gustavo Sylvestre*) «Usted no puede sectorizar a la Iglesia. Todos adentro. Todos. A los que se creen con carta de ciudadanía en la Iglesia les digo aquella parábola de los que no quisieron entrar a la fiesta de boda. Los exquisitos que dijeron "No, a esto no voy". Y Jesús, ¿qué dice? «"El banquete está listo. Id e invitad a todos". Justos y pecadores. Todos, todos, todos. Todos. Y todos adentro. Esta es la casa de todos. Si alguien dice: "No, pero este no puede, porque este está en pecado mortal" eso, su conciencia se la vea con Dios. Yo lo tengo dentro. Después, si quieren hablar, hablamos, pero todos en la casa del Padre. Todos. "No, padre, pero yo no estoy casado por la Iglesia". Todos adentro, después hablamos. Si quieres hablar, hablamos, pero ya estás dentro. Es decir, todos».

05/04/2023: (*Documental "AMÉN. Francisco responde"*) Celia pregunta al Papa si en la Iglesia hay espacio para la diversidad sexual y de género. Francisco responde: «Toda persona es hija de Dios, toda persona. Dios no rechaza a nadie. Dios es Padre. Y yo no tengo derecho a echar a nadie de la Iglesia. A nadie». Celia insiste y pregunta al Papa qué les diría a los católicos que, apoyándose en la Biblia, justifican la exclusión de la comunidad eclesial del colectivo LGBTIQ+. Francisco responde: «Esa gente son infiltrados que aprovechan la Iglesia para sus pasiones personales, para su estrechez personal. Es una de las corrupciones de la Iglesia».

06/08/2023: (*Viaje de regreso JMJ Lisboa*). «¿Por qué los homosexuales en la Iglesia no? ¡Todos!». (Durante el discurso de apertura el Papa había hecho repetir a los asistentes que «La Iglesia es para TODOS, TODOS, TODOS»).

18/12/23: (*Declaración doctrinal "Fiducia Supplicans"*): se aprueba la bendición pastoral a las personas homosexuales que viven en pareja. En enero de 2024: «Me gustaría subrayar que estas bendiciones, fuera de cualquier contexto y forma litúrgica, no requieren perfección moral para ser recibidas».

7/02/24: (*Entrevista a la revista* Credere). «Nadie se escandaliza si doy la bendición a un empresario explotador y sí si se la doy a un homosexual. Esto es hipocresía. Bendigo a dos personas que se aman y les pido también que recen por mí».

2024: (*Autobiografía*): «Es justo que estas personas que viven el don del amor puedan tener cobertura legal como todos los demás. Jesús salía a menudo al encuentro de las personas que vivían en los márgenes, y esto es lo que la Iglesia debería hacer hoy con las personas de la comunidad LGBTIQ+, a menudo marginadas en el seno de la Iglesia: hacer que se sientan como en casa, especialmente quienes han recibido el bautismo y forman parte a todos los efectos del pueblo de Dios. Y quien no haya recibido el bautismo y quiera recibirlo, o quien quiera ser padrino o madrina, por favor, que sea acogido».

Creo que los términos precisos que utiliza el Papa, nunca usados en contexto magisterial por ninguno de sus predecesores, suponen una gran esperanza para las personas homosexuales y nos permiten pensar esta cuestión a la luz de la fe recibida de un modo nuevo.

Por último, sobre el asunto de la mujer, tendremos noticias en breve sobre cómo la Iglesia está pensando este espacio porque el proceso sinodal de reforma de estructuras que está viviendo la institución eclesial cuenta con la presencia de la mujer de una forma renovada. Pero, más allá de la Iglesia, resulta oportuno denunciar y tomar conciencia de que las mujeres todavía sufren una discriminación objetiva mayor en muchos contextos de nuestro mundo. Hay países en los que la objetividad de esta marginación resulta evidente, especialmente en países en vías de desarrollo o en aquellos dominados por el extremismo islámico, y otros en los que se han dado pasos muy certeros en favor de una mayor igualdad de derechos. Como personas que caminamos a la luz de la fe estamos llamadas a denunciar públicamente todo tipo de discriminación y a trabajar para que la igualdad de derechos sociales, laborales y eclesiales sea realidad lo antes posible. El Papa Francisco también fue muy claro sobre esta materia en el vídeo que compartió en su canal de *Youtube*, «El vídeo del Papa», el 4 de abril de 2024. Te dejo aquí la trascripción, porque merece la pena leerla con atención:

> En muchas partes del mundo la mujer es tratada como primer material de descarte. Hay países donde las mujeres tienen prohibido acceder a ayudas para armar un negocio o ir a la escuela. Incluso soportan leyes que las obligan a vestir de una determinada manera y sufren mutilaciones genitales. No les neguemos también la voz a todas esas mujeres víctimas de abuso, explotación y marginación. De palabra, todos estamos de acuerdo en que el hombre y la mujer tienen la misma dignidad como personas.

Pero en la práctica eso no ocurre. Es necesario que los gobiernos se comprometan a eliminar las leyes discriminatorias en todas partes y a trabajar para que la dignidad y los derechos humanos de las mujeres estén garantizados. Respetemos a las mujeres en su dignidad y en sus derechos fundamentales. Si no lo hacemos, nuestra sociedad no avanzará. Oremos para que la dignidad y la riqueza de las mujeres sean reconocidas en todas las culturas, y para que cese la discriminación que sufren en diversas partes del mundo».

Lección 20:
El trabajo (y la vida comunitaria)

En línea con el tema de la vocación, nos hemos detenido en alguna de las formas más comunes en las que puede realizarse: en el servicio a los demás y a Dios, en el voluntariado entre los más pobres o en la familia. Otro espacio común de realización de la vocación es el trabajo. A través de él no solo obtenemos el sustento material para vivir con dignidad, sino que encontramos un espacio en el que desarrollarnos como personas sintiéndonos válidos para servir a la sociedad y para vivir nuestra vocación. Sin embargo, a menudo el trabajo puede convertirse en una fuente de frustración, tensión y cansancio, especialmente cuando accedemos a él sin una verdadera motivación vocacional.

Iluminado por la fe, el trabajo es una colaboración con la obra de Dios, el Gran Trabajador que, por medio de su actividad creadora, llamó a la existencia a todo cuanto existe por amor. En nuestro caso, **no se trata solo de cumplir con nuestras responsabilidades o de ganar dinero, sino de colaborar en la construcción de una sociedad más justa y más humana, participando así del trabajo iniciado por Dios**. Cada tarea, por pequeña que sea, tiene un valor profundo cuando la realizamos con amor y con el deseo de servir a los demás. Desde esta perspectiva desaparecen las clases en el trabajo porque un barrendero, una futbolista, un político, una peluquera, un obrero, una enfermera, un mecánico o una empresaria que sirven a la sociedad con amor se sientan en la misma mesa de la humanidad servidora, dignificando sus trabajos y a sí mismos.

Al comienzo de la Biblia aparece Dios encomendando a Adán y a Eva el cuidado y cultivo del jardín del Edén. En esta imagen, el trabajo no aparece como castigo por el pecado, sino que está previsto por Dios desde el principio como una forma de colaboración con su obra creadora, de cuidado y custodia de la naturaleza; es una vocación que ennoblece al ser humano porque nos permite contribuir al bienestar de la sociedad. En este sentido, ver el trabajo como una vocación nos posibilita superar la visión limitada y mercantilizada de este, como un simple medio de ganarse la vida. Es algo más que eso: es la oportunidad para poner en juego nuestros talentos, de ahí la importancia del discernimiento vocacional en la etapa de la adolescencia espiritual, que nos permite identificar en nosotros los talentos recibidos a través de los cuales estamos llamados a dar fruto. Ten en cuenta que Dios no nos va a cortar las alas que él mismo nos ha puesto. Al contrario, nos invita a desplegarlas y a volar con ellas lo más alto posible. El trabajo vocacional es ese lugar en el que puedes dejar que tus talentos se difundan. Además, el trabajo no es solo espacio de realización y de puesta en juego de los talentos, sino que también es espacio de santificación personal si se vive con generosidad, con responsabilidad, entrega y amor.

El verdadero trabajo no es una actividad que realizamos en solitario y para beneficio propio. Es una llamada a la vida comunitaria y al servicio a la sociedad. Desde esta perspectiva, los equipos de trabajo son una oportunidad única para aprender a convivir con personas diferentes, a ceder y a valorar la aportación de los otros. En el trabajo en equipo, en el que cada persona desarrolla un rol, se crece en la comprensión de la complementariedad de talentos y habilidades en favor de una misión común. Juntos podemos lograr mucho más que de manera aislada, si conseguimos que nuestra comunidad laboral se ponga en actitud de servicio, donde cada uno aporte sus talentos para el bien común. Nos desafía también a dejar de lado el individualismo y a construir relaciones basadas en la cooperación, el respeto mutuo y la ayuda recíproca.

Los beneficios del trabajo como espacio para crecer en equipo son evidentes, pero también cuenta con sus propias dinámicas que generan tensiones y dificultades. Uno de los obstáculos más comunes que pueden surgir en el ámbito laboral (y, por desgracia, en las comunidades cristianas) son los celos y la envidia que destruye a las personas, a los equipos y a las sociedades. A menudo, las comparaciones entre compañeros y las diferencias de éxito o reconocimiento generan resentimientos. Estas emociones negativas no solo dañan las relaciones personales, sino que también crean un ambiente de trabajo (o de vida comunitaria) tóxico, en el que la competencia desmedida reemplaza la colaboración. Hay que tener en cuenta que, psicológicamente, la raíz del problema suele localizarse en la persona o las personas que sufren los celos y que envidian a los otros. Aunque tengan habilidades para hacer creer al resto que el problema son los demás, la realidad es que la traba recae sobre ellos mismos.

La envidia es una emoción que nace de la comparación y de la insatisfacción con lo que tenemos y, más aún, con lo que somos. En lugar de ver el éxito de los demás como algo positivo, lo percibimos como una amenaza o una injusticia de la institución. Por eso no hay ninguna solución más efectiva en este caso que el trabajo sobre uno mismo que le permita crecer en autoestima y en la capacidad de valorar lo propio. **Solo trabajándose a sí misma la persona podrá aplaudir el éxito y el reconocimiento de los demás.** Desde la fe estamos llamados a iluminar este espacio con todas las fuerzas posibles, creciendo en gratitud por lo recibido y alegrándonos por los dones y talentos de los demás. **Cada persona tiene una misión única**

y valiosa, y el éxito de otros no disminuye nuestro valor ni nuestra capacidad de contribuir al bien común. Solo hay que reconciliarse con el hecho de que hay talentos más visibles, que reciben aplausos del público o de las sociedades, y otros talentos más silenciosos y discretos que hacen su aportación desde el anonimato. Todos los talentos, públicos o privados, son igualmente válidos y necesarios para la construcción de una sociedad y del Reino de Dios.

Superar los celos y la envidia en el trabajo requiere una actitud de vigilancia sobre los propios sentimientos y una enorme humildad. En lugar de competir, podemos aprender a colaborar y a hacernos fuertes en generosidad para crear juntos un ambiente de trabajo (o comunitario) más humano, más bello, más productivo y más testimonial. Solo desde esta perspectiva que favorece los espacios de encuentro y de comunión entre personas podemos hablar del verdadero liderazgo.

El liderazgo es una dimensión fundamental en el trabajo (y en la vida comunitaria), especialmente cuando asumimos un puesto de responsabilidad o de autoridad. No debe entenderse como una oportunidad para ejercer poder sobre otros o para buscar beneficios personales, sino como un servicio: «El que quiera ser el primero sea el servidor de todos» (Mc 10, 44). Ser un líder iluminado por la fe no significa imponer, sino guiar, acompañar y tomar decisiones rectas y justas en favor de la misión común. Un buen líder es aquel que escucha, que inspira, que anima y que motiva a los demás a dar lo mejor de sí mismos. Es aquel que felicita públicamente y corrige en privado con ternura si es necesario; alguien que ve en cada persona un hijo o hija de Dios y que se preocupa no solo por los resultados, sino por el bienestar de cada miembro del equipo. Un líder, un coordinador, un superior o un jefe cristiano fomentará en su entorno un ambiente de respeto, de confianza y de colaboración, donde cada persona se sienta valorada y apoyada.

El liderazgo cristiano también implica ser un modelo de integridad y de coherencia personal. Él mismo debe asumir en primera persona los valores de la honestidad, la responsabilidad, la justicia y la generosidad, de modo que su autoridad no provenga del temor, sino del respeto y del amor que inspira en las personas a su cargo; debe ser el primer servidor.

La idea del trabajo como servicio debe ocupar un lugar primordial para la persona de fe, que lo ve como una oportunidad para hacer el bien y para contribuir al bienestar de la comunidad. El trabajo como servicio nos ayuda a superar la tentación del egoísmo y del individualismo. Cada profesión, desde la más humilde hasta la considerada con más prestigio, tiene el potencial de mejorar el mundo y la vida de las personas si se convierte en una forma de servicio. El artista contribuye al mundo con la belleza o la denuncia social que provocan sus obras, el peluquero contribuye con la dignidad de las personas, el médico custodiando la vida o el político buscando el bien común. Quizá puedes hacerte estas preguntas antes de continuar: ¿cómo contribuye mi trabajo con el bien común?, ¿trabajo en beneficio propio?, ¿puedo mejorar algo para que mi trabajo sea un verdadero servicio a la comunidad humana?

Uno de los grandes desafíos que debemos afrontar en perspectiva creyente es la búsqueda del equilibrio entre el trabajo y la vida personal. Por muy vocacional y digno que sea un trabajo, las personas no deben caer en el error de convertirlo en ídolo o en sustituto de las emociones no resueltas, dejando poco espacio para el descanso y para la vida personal, familiar o comunitaria. Un trabajo que consume demasiadas energías puede pasar factura en las relaciones familiares, en la propia persona y, por supuesto, en su vida espiritual, porque es fácil perder de vista lo que realmente importa y dejar que se convierta en una fuente de estrés o de agotamiento. En este sentido, **desde la perspectiva de la fe, también estamos urgidos a exigir**

que el trabajo no favorezca actitudes de dependencia y esclavitud, sino de dignidad y que permita a las personas vivir libres, más allá de su actividad laboral.

En la Biblia, Dios contempla el descanso como un don, una oportunidad para renovar nuestras fuerzas y contemplar el fruto de nuestro esfuerzo. No se trata solo de una pausa entre periodos de trabajo, sino de un tiempo sagrado en el que podemos cultivar nuestra vida interior, la vida familiar y la relación con Dios. **El descanso es esencial para nuestra salud física, mental o espiritual, y nos permite volver al trabajo con más gratitud y con propósitos renovados.** ¡No descuides tus espacios de descanso! ¡Ánimo!

Lección 21:
El dinero

De la mano del trabajo viene el dinero. Desde pequeños tomamos conciencia de su importancia entre nosotros: lo necesitamos para comer, para vivir dignamente con luz y agua, para obtener bienes y servicios. Sin embargo, también es una de las fuentes más comunes de conflicto social y familiar. Por esta razón, una persona que desea vivir la fe con una espiritualidad madura debe buscar espacios periódicos para evaluar cómo se está relacionando con este recurso.

Gracias a Jesús, el Evangelio nos ofrece muchas enseñanzas sobre el uso del dinero. Él mismo habla de este tema con frecuencia y señala a sus discípulos cómo deben integrarlo en su vida cotidiana para responder mejor a las exigencias del Reino de Dios, donde todos gozan de una vida digna y feliz. Lejos de ser algo malo, Jesús lo presenta como una herramienta al servicio de las personas, pero advierte de que no se convierta en el centro de nuestra existencia. Es consciente de que el dinero puede servir al amor, pero jamás puede reemplazarlo. En la parábola del rico insensato, Jesús presenta a un hombre que se siente seguro y satisfecho porque ha acumulado mucha riqueza. No obstante, una noche Dios lo llama y su vida en la tierra termina sin haber disfrutado de lo acumulado. La lección es clara: **el dinero no es un fin en sí mismo, sino un medio. El dinero** debe estar sometido al amor y al servicio, al cuidado de la familia y de los demás, a la promoción de la justicia y la solidaridad. **Es una herramienta que nos puede hacer esclavos o, por el contrario, nos puede enseñar a vivir de manera más plena cuando lo usamos de forma consciente, generosa y responsable.**

Por otro lado, el dinero también nos presenta su propia tentación, la avaricia, que es el deseo insaciable de tener más, de acumular riquezas sin propósito o del consumismo desmedido que nos hace creer que siempre necesitamos algo más, mejor y nuevo, para ser felices. Todas estas dinámicas se refieren más bien de una profunda sed interior que, por supuesto, el dinero no puede saciar. El apóstol Pablo nos habla de esta realidad con palabras más duras: «El amor al dinero es la raíz de todos los males» (1 Tim, 6, 10). Si te das cuenta, en línea con la propuesta de Jesús, no dice que el dinero sea la raíz de todos los males, sino «el amor» a este. Poner el corazón en este recurso es fuente de grandes conflictos.

La avaricia es una trampa porque no nos da la felicidad que nos promete, sino que nos esclaviza. Cuanto más tenemos, más queremos, y esa búsqueda constante de más nos impide disfrutar de lo que ya tenemos. En este contexto, urge que eduquemos a los más pequeños para que sepan valorar los dones recibidos. Pienso en los regalos desmedidos que reciben algunos niños y cómo les basta un minuto para cambiar de juguete sin apreciar el anterior. Si estas actitudes no se trabajan a tiempo, nos pueden pasar factura en la vida adulta. La fe cristiana nos llama a vivir con sencillez, a estar contentos con lo que ganamos gracias al esfuerzo de nuestro trabajo y a no caer en la trampa del consumismo, porque la verdadera riqueza no está en lo que poseemos, sino en lo que somos, en nuestras relaciones, en nuestra capacidad de amar y de servir. **Cuando el dinero deja de ser el centro de nuestra vida, descubrimos que podemos vivir con menos y ser más felices.**

Entonces ¿qué pasa con los ricos? Lo repito: en cristiano, la cuestión no es la riqueza, sino si el corazón está puesto en esa riqueza. Los ricos que han ganado mucho dinero con esfuerzo, que han sabido gestionarlo y multiplicarlo con trabajo y constancia, o que lo han recibido gracias al trabajo de sus padres, tienen derecho a disfrutarlo siempre que, entre sus actitudes, dejen espacio a la generosidad y el servicio a los más pobres, y su corazón no esté puesto en dicha riqueza, sino en los tesoros eternos. Si no es así, Jesús nos lo dice bien claro: «Qué difícil le es a un rico entrar en el Reino de Dios», refiriéndose a los que, de manera egoísta, piensan que su único tesoro es el dinero (Mc 10, 17-30).

Teniendo esto en cuenta, el gran desafío respecto a nuestra relación con el dinero es, entonces, aprender a ser libres frente a él. A menudo, las preocupaciones financieras dominan a las personas, haciéndolas sentir atrapadas o controladas por sus deudas, por las necesidades o por el deseo de obtener más. Más allá de los casos dramáticos de verdadera precariedad, cuya solución es responsabilidad de los sistemas sociales y de la generosidad común, la falta de libertad interior frente al dinero puede afectar a nuestras decisiones y nuestra paz interior. Por eso es bueno que mantengamos cierta distancia respecto de este recurso y dejemos algo de espacio a la providencia de Dios (Mt 6, 25). Vivir con libertad interior frente al dinero no significa ser irresponsables, todo lo contrario: significa aprender a gestionar nuestros recursos con sabiduría, reconociendo que, aunque el dinero es importante, no es lo más importante. Además, la confianza en que Dios nos sostiene nos libera del miedo, nos permite vivir más libres y, aunque parezca contradictorio, nos capacita para tomar mejores decisiones financieras. De alguna manera, al poner el corazón en Dios, todo lo demás, también el dinero, se nos da por añadidura...

Ampliando la reflexión sobre este bien tan presente en nuestras vidas, descubro que muchas veces caemos en la trampa de los extremos. Por un lado, encontraríamos la propuesta del capitalismo mercantilista que coloca el dinero como centro de toda actividad humana. En esta perspectiva, el valor de las personas corre el riesgo de medirse en función de su capacidad para generar riqueza, y el ser humano puede verse reducido a un número, a una fuerza productiva más. Todo parece estar al servicio del mercado. Por otro lado, los sistemas que tratan de imponer un comunismo despersonalizado caen en el error opuesto. Al eliminar la idea de la propiedad privada y tratar de igualar a todos de manera forzada, merman a menudo la iniciativa personal y crean sistemas rígidos que no valoran la aportación de cada individuo a la sociedad, el esfuerzo ni la creatividad particular. El comunismo, en su versión extrema, tiende a lo contrario que predica: el individuo se deshumaniza en favor de una igualdad forzada.

Ambos sistemas presentan graves problemas éticos y humanos. El capitalismo, cuando se desborda, genera desigualdad extrema, explotando a los más vulnerables y creando una cultura de consumo y acumulación que deja a muchos fuera del sistema. El comunismo, cuando se aplica de forma rígida, acaba aplastando la libertad y genera opresión, falta de incentivos y, también, exclusión. Entonces ¿existe una vía intermedia? De nuevo, la respuesta es sí, la vía del Evangelio del que brota un sistema que respeta la dignidad humana, fomenta la libertad, y promueve la justicia y la solidaridad. La Doctrina Social de la Iglesia ha explorado desde hace décadas esta vía y la propone a la sociedad como un modelo económico y social que tiene en cuenta tanto la libertad individual como el bien común. Tres conceptos pueden servirnos para encarnar en nuestro camino espiritual esta vía evangélica: «dignidad humana», «solidaridad» y «subsidiariedad».

El modelo que nace del Evangelio siempre presenta la propiedad privada acompañada de un profundo sentido de responsabilidad social. No es un fin en sí misma, sino un derecho legítimo que sirve al bien común. En palabras de San Juan Pablo II (1991), la propiedad privada tiene una «función social», y la riqueza de los que más tienen debe servir generosamente a los que menos poseen. Este enfoque, iluminado por la fe, nos invita a buscar un equilibrio sano entre la libertad económica y la justicia social.

En conclusión, cuando el dinero ocupa su lugar adecuado en nuestra vida, se convierte en una herramienta poderosa para el bien, para el servicio y para la construcción de un mundo más justo. ¿No es todo eso lo que esperamos que sea el Reino de Dios? Así es, bien utilizado, el dinero nos puede ayudar a construir el mundo que Dios sueña. Solo nos falta poner en juego un modelo económico que esté al servicio del amor.

Lección 22:
El poder

¡Qué seductor es el poder! Digamos desde el inicio que lleva inscrita su propia tensión: dominar o servir. Conocer esta dinámica interna nos va a permitir optar consciente y continuamente por la vía que más sirva a la voluntad de Dios y evitar la tentación del poder como arma de sometimiento.

En nuestra sociedad se asocia muchas veces el poder con la autoridad, entendida como la capacidad de imponer la propia voluntad, pero Jesús nos invita a una lógica distinta, mostrando que la verdadera grandeza se encuentra en la humildad. Ya lo dijimos en alguna lección anterior citando al Papa Francisco, quien nos recordaba que «el verdadero poder es el servicio» (2013b). Esta afirmación desafía la visión habitual del poder como mecanismo de control, nos invita a repensar nuestra idea de liderazgo y autoridad, y orientarla hacia una actitud de entrega donde el poder no supone una posición de privilegio, sino una gran oportunidad para amar. En este sentido, la visión del poder como servicio se nos presenta como una propuesta activa y transformadora. El servicio no es pasividad, es una elección consciente de poner el bienestar del otro por encima del propio interés, y en ello reside el poder genuino. A través del servicio somos testigos de una forma de vida que pone el bien común como prioridad, por encima de los propios intereses.

Estarás de acuerdo conmigo en que, cuando el poder no se gestiona adecuadamente, puede convertirse en una fuente de sufrimiento personal y comunitario. El deseo de control y de dominación puede envenenar las relaciones y crear tensiones internas que afectan nuestra paz. A nivel personal, la búsqueda incesante de poder puede alienarnos, atrapándonos en la necesidad de ser reconocidos o valorados por lo que logramos o, peor aún, por lo que controlamos. Hay quien habla de la «erótica del poder», porque ciertamente tiene una fuerza seductora para la que hay que estar preparado con algunas herramientas de prevención. Cuando se convierte en un fin en sí mismo, el poder puede generar un gran vacío interior porque nunca se tendrá todo el poder que se desea, siempre quedará una sensación de insatisfacción y de desconexión profunda con la realidad vivida.

El poder mal gestionado puede llevarnos a perder el sentido de nuestra humanidad y a ver a los demás como simples medios para alcanzar nuestras metas. Así se vuelve difícil abrazar el valor de la amistad verdadera, porque los amigos lo serán mientras sirvan a nuestras pretensiones. Esto genera un sufrimiento profundo en las personas implicadas, tanto quien gestiona mal el poder y toma conciencia de que se queda solo, como quien sufre las consecuencias del poder mal gestionado, que huye, con razón, lejos de quien le ha utilizado para provecho propio.

A nivel comunitario, el mal uso del poder genera estructuras de desigualdad y de opresión. Las sociedades que se ven envueltas en estas dinámicas terminan fomentando la injusticia, el abuso y la explotación de los más vulnerables. Esto genera ambientes tóxicos en los que el miedo y la competencia reemplazan el respeto y la cooperación. El poder mal gestionado destruye la confianza y debilita los lazos de solidaridad que son esenciales para la convivencia social, mucho más cuando estos comportamientos se dan en el interior de las instituciones que, se supone, velan por los derechos de las personas. El poder mal gestionado afecta a todos los colores políticos y, por desgracia, a la comunidad de fe. En este último caso, el escándalo es mayor por la carga de hipocresía que conlleva predicar el servicio, pero vivir en la lógica del poder. En la Iglesia, el poder mal gestionado se traduce en algunos espacios concretos que debemos prevenir con todas nuestras fuerzas: el clericalismo que sitúa a los clérigos en una situación de autoridad moral superior, el deseo insaciable de prestigio o influencia, el poder como medio para el sometimiento de comunidades, el poder como herramienta para el abuso sexual o de conciencia, etc.

Sin embargo, el poder no se limita a las grandes estructuras políticas, empresariales o eclesiales. Está presente en nuestras relaciones cotidianas, en la manera en que cada uno de nosotros nos relacionamos con los demás: cuando tratamos con un dependiente en una tienda, con nuestros alumnos, con nuestros hijos, con nuestros compañeros de clase o del trabajo, con los feligreses de nuestra comunidad... e, incluso, con Dios mismo, a quien en tantas ocasiones le decimos lo que tiene que hacer. ¡Como si no supiera qué es lo mejor para cada uno! Dejemos a Dios ser Dios y démosle el poder a él. Solo así nos comprenderemos como colaboradores suyos y, por tanto, el poco o mucho poder que podamos tener se pondrá al servicio de los demás.

A menudo, el poder en las relaciones personales se manifiesta de forma sutil. Intentamos influir en las decisiones de los demás, controlar ciertos aspectos de su vida o imponer nuestras opiniones. Estas dinámicas, aunque sean inconscientes, deben ser detectadas y trabajadas personalmente para que no causen daño a otros ni generen conflictos. Sin embargo, desde la perspectiva de la fe, el poder puede ser también una fuerza positiva. Cuando usamos nuestro poder para animar, acompañar y guiar a los demás hacia espacios que favorecen la convivencia y el encuentro con los otros, fortalecemos los vínculos humanos, y creamos un ambiente de confianza y respeto. En lugar de ver el poder como una herramienta de control, podemos educarnos para tratarlo como una oportunidad para apoyar el crecimiento y el bienestar de los que nos rodean. **El poder ejercido desde el amor y el respeto fomenta relaciones sanas y equilibradas.**

El mejor ejemplo lo tenemos de nuevo en Jesús, de quien se dice que «su fama iba creciendo» (Lc 5, 15). Él no utilizó su poder y su fama para dominar ni para imponer, sino para amar con más fuerza y para enseñarnos a amar como él lo hacía. Él manifestaba el poder del Padre a través de sus signos, un poder capaz de sanar los corazones heridos y las enfermedades de sus coetáneos. Es el poder del amor, capaz de transformarlo todo.

A ejemplo de Cristo, las personas de fe estamos llamadas a orientar nuestro poder al servicio del bien común y del amor. Jesús nos lo hizo saber con gestos y palabras muy concretos, especialmente cuando lavó los pies de sus discípulos, un acto de servicio humilde que desafió las convenciones de su tiempo, puesto que él era el maestro. Este gesto nos recuerda cada Jueves Santo que el verdadero poder iluminado por la fe es el servicio y el amor a los otros. En nuestro mundo laboral, familiar o en medio de la sociedad también nosotros podemos «lavar los pies» de cuantos nos rodean.

Otro evaluador del poder es comprobar si está orientado al servicio de la justicia. Cuando el poder se utiliza correctamente, se convierte también en herramienta que corrige desigualdades y promueve el bienestar de todos, en especial de los más vulnerables. En este sentido, la justicia requiere que usemos nuestro poder para proteger los derechos de los más débiles, para garantizar que todos tengan acceso a las oportunidades necesarias para desarrollarse plenamente y para corregir las estructuras que perpetúan la pobreza y la exclusión. Así entendido, el poder nos impulsa a luchar contra las injusticias sociales, y a crear un mundo en el que todas las personas sean tratadas con dignidad y respeto.

Quiero detenerme aquí brevemente en otro espacio en el que el poder puede ser verdaderamente transformador: me refiero al poder espiritual como una fuerza interior que nos capacita para lo que ni nosotros mismos habíamos soñado. Este poder se sostiene en la profundidad de nuestra vida interior y en la relación que cada persona y cada comunidad mantienen con Dios. Supone la capacidad para vivir con integridad, para mantener la paz en los momentos de conflicto y para ser luz para los demás. Este poder nos invita a reconocer que nuestra verdadera fuerza viene de Dios e implica confiar en que Dios está siempre presente, guiando nuestros pasos y dándonos la sabiduría necesaria para tomar las decisiones correctas, incluso cuando las circunstancias son difíciles.

Por último, pero no menos importante, quiero compartir con vosotros lo que llamo «modelos de autoridad entrañable»: la maternidad/paternidad y el humor. Me gusta pensar que el ejercicio del poder no siempre se manifiesta de modo formal o estructurado, sino que existen formas poderosísimas de autoridad que, cuando son vividas con amor y ternura, se convierten en modelos de poder entrañable que dejan una huella profunda en aquellos a los que se sirve. Entre estos modelos, la maternidad y la paternidad «buenos» son ejemplos esenciales de cómo el poder puede ejercerse de manera recta, suave, cercana y profundamente transformadora al mismo tiempo. Los padres y madres buenos reciben una especie de autoridad natural sobre sus hijos, pero su verdadera influencia no se ejerce a través de órdenes o de control desmedido, sino a través del ejemplo, el cuidado, la supervisión y la entrega diaria. **Los padres y madres que aman, protegen y guían a sus hijos no solo están ejerciendo bien su poder, sino que están formando seres humanos** capaces de amar y de desarrollar su propio potencial. Este tipo de autoridad no solo es respetada (incluso en la adolescencia, cuando no lo parece), sino también profundamente agradecida y recordada. Cuando firmeza y ternura van de la mano, el corazón humano se fortalece para vivir en libertad. Esta autoridad entrañable enseña a los hijos a asumir responsabilidades, a discernir por sí mismos y a desarrollar una conciencia madura.

Aparte de ese modelo, encuentro otro que comparte un poder singular: el humor. Cuando se emplea con cariño y sabiduría desarma tensiones, aligera los momentos difíciles y fortalece los lazos de las comunidades familiares, laborales o sociales. Además, el humor permite contemplar la vida desde una perspectiva más amplia, ayuda a relativizar los problemas y a mantener la alegría en medio de los desafíos. El poder del humor nos enseña también a no tomarnos a nosotros mismos demasiado en serio y a fortalecer la autoconfianza porque no necesitaremos la aprobación constante de los otros. Reírse de uno mismo es, sin duda, un signo de madurez espiritual y personal.

Durante demasiados años, décadas, siglos... hemos entendido el poder y la autoridad ligada a una especie de seriedad y rectitud exageradas. El tiempo presente, con ejemplos como el del Papa Francisco, nos está invitando a superar esa visión asfixiante de la autoridad y a reconocer que la sonrisa verdadera también es generadora de espacios de humanidad. El verdadero rostro del poder, iluminado por la fe, es un rostro alegre, de ternura y compasión; un rostro de amor que inspira y acompaña. Y tú, ¿cómo ejerces el poder en tu entorno? ¿Puedes iluminar tu poder con más ternura, sonrisa o amor?

Lección 23:
La crisis

En toda vida adulta, y en la espiritual también, aparecen momentos de inestabilidad que forman parte del recorrido humano. Las crisis son inevitables y, en muchos casos, necesarias porque nos invitan a reflexionar sobre nuestra vida presente y sobre la necesidad de reorientar o no nuestros pasos. Afrontar un periodo de crisis puede ser profundamente doloroso, pero también es una oportunidad para renacer y para llenar de luz los espacios de oscuridad de nuestra vida. En esta lección quiero ayudarte a iluminar con el don de la fe estas etapas difíciles, contemplándolas como oportunidades para una profunda revisión personal y espiritual. Déjame que aclare desde el principio que, en el contexto de la fe, las crisis no se identifican con las dudas. La duda es una cuestión y la crisis es otra. A la cuestión de las dudas ya le dedicamos algunas páginas en las primeras lecciones de este libro, ahora nos proponemos acercarnos a la cuestión de la crisis, es decir, a la pérdida o enfriamiento del sentido, de la motivación o de la pasión por la vida de fe. Paradójicamente, ante las crisis de fe, ella misma será la solución, pero vamos por partes.

La palabra crisis viene del griego *krisis*, que significa «juicio» o «decisión». La sola etimología de la palabra ya nos da algunas pistas interesantes de aquello a lo que nos enfrentamos al adentrarnos en una etapa de crisis. Una crisis es un momento de cambio en el que se requiere tomar decisiones que definirán el curso de nuestra vida. Dependiendo del grado de la crisis, así debería ser el grado de las decisiones que tomemos. No todas las crisis son catastróficas, dolorosas o insoportables; algunas son silenciosas, pero profundamente transformadoras. Pueden ser crisis externas provocadas por la pérdida de un empleo, una ruptura de pareja o una enfermedad, o crisis internas, de carácter existencial, como la crisis de fe, la pérdida de sentido o un conflicto emocional. Ciertamente, sean como sean, **todas las crisis nos sacuden, ponen patas arriba la «casa» de nuestra vida, y nos obligan a salir de nuestra zona de confort y a confrontarnos con algunos aspectos de nuestra vida que habíamos ignorado o evitado**. Las crisis nos provocan preguntas que exigen una respuesta activa por nuestra parte.

El Evangelio está lleno de relatos de personas que, en medio de una crisis (social, familiar, religiosa o personal), encontraron una nueva dirección y un sentido renovado en sus vidas. Pienso en el apóstol Pedro que, al descubrir su propia flaqueza negando a Jesús, llora y experimenta una profunda crisis. Sin embargo, lejos de quedar destruido por su crisis interior recibe de Jesús la misión de guiar a su iglesia. De manera similar, también nosotros podemos descubrir que las crisis no nos hunden en la miseria y nos dejan ahí encerrados, sino que son una oportunidad para crecer y para asumir nuevos retos y nuevas «misiones» de parte de Dios. Las crisis nos obligan a soltar lo que no nos sirve, como a Pedro no le servía el miedo al qué dirán, el juicio de los otros o su propio egoísmo, suelta todas esas actitudes y se dispone a servir con humildad.

Demos un paso adelante. Una de las razones por las que las crisis pueden ser especialmente dolorosas es porque nos revelan nuestras propias fragilidades y limitaciones. Nos sitúan frente a nuestras debilidades, a nuestros miedos más profundos y a la realidad que no tenemos bajo control; nos damos cuenta de que somos vulnerables y de que, quizá, nuestros planes no han salido perfectos según los habíamos planeado. Pero lejos de ser algo negativo, esta revelación puede servirnos para fortalecer nuestra relación con Dios, porque descubrimos que no somos omnipotentes y que necesitamos a alguien más grande que nosotros mismos para sostenernos. Las crisis nos enseñan a dejar de confiar en nuestras propias fuerzas y a lanzarnos a la piscina de la confianza plena en que algo mejor vendrá. El salmo 46 expresa esta realidad cuando dice: «Dios es nuestro refugio y fortaleza, una ayuda segura en tiempos de angustia» (Sal 46, 1). En medio de una crisis podemos refugiarnos en Dios y contar con su presencia amorosa que nos sabrá guiar por el mejor de los caminos.

Sin embargo, uno de los mayores desafíos de la vida espiritual es precisamente el de mantener la fe en las etapas de crisis. Cuando todo parece estar en desorden, cuando nuestras fuerzas se desmoronan y el futuro parece incierto, puede ser difícil confiar en la providencia de Dios, pero es precisamente en estos momentos cuando la fe nos puede ayudar a salir victoriosos. **La fe no elimina el dolor ni las dificultades ni la incertidumbre, pero nos da la fuerza para afrontarlos con esperanza, porque nos recuerda que no estamos solos, que Dios y aquellos que nos aman caminan con nosotros, incluso en los momentos más oscuros.** En tiempos de crisis, solo la fe nos alumbra, se convierte en una luz que nos guía a través de la tormenta recordándonos que, aunque no veamos el final del camino, Dios tiene una «tierra prometida» para nosotros. La Palabra de Dios está plagada de ejemplos: el arco iris tras el diluvio, la llegada del pueblo de Israel a la tierra prometida tras el camino por el desierto, la resurrección tras la cruz de Cristo, la encarnación de Dios tras las preguntas de María y su «hágase»... Todos estos textos nos animan a confiar en el plan de Dios, incluso cuando no entendemos por qué estamos pasando lo que estamos pasando.

Durante una crisis, a menudo sentimos la tentación de aislarnos, de encerrarnos en nuestro propio dolor y de tratar de resolverlo todo por nosotros mismos. Estos encierros pueden ser peligrosos y nos pueden arrastrar hacia espacios de angustia existencial o de depresión. Sin embargo, una de las lecciones más importantes de las crisis es que no estamos hechos para caminar solos; necesitamos el apoyo y el acompañamiento de los demás, de Dios e, incluso, según el caso, de los especialistas de la salud mental. La comunidad cristiana también juega un papel crucial en este acompañamiento en el caos de las personas creyentes, que viven la fe cotidiana insertos en una comunidad de fe. El juicio o, por el contrario, la acogida compasiva de nuestras decisiones por parte de los miembros de la comunidad puede hacernos mucho daño o mucho bien. En este sentido, es necesario recordar que, *en la Iglesia, estamos llamados a ser un cuerpo, a cargar los unos con las cargas de los otros y a no meter cizaña cuando una persona atraviesa su propia crisis*. Por nuestra parte, en tiempos de crisis debemos aprender a pedir ayuda y a aceptar el apoyo de aquellos que nos rodean. A veces, el simple hecho de tener a alguien que nos escuche, que ore por nosotros o que nos ofrezca una palabra de consuelo puede marcar una gran diferencia. Además, **el sufrimiento compartido no se multiplica, sino que se alivia**.

Aparte de la ayuda externa de otras personas, la oración también puede ser una herramienta poderosa en tiempos de crisis. Aunque habitualmente durante una crisis lo que menos «apetece» es orar, solo perseverando en la oración encontramos paz en medio del caos. Por eso es importante dar el salto del «apetecer» al «querer/decidir»: aunque no me apetece, quiero/decido orar porque sé que me ayudará. En estos momentos, a veces no encontramos las palabras o incluso sentimos que Dios está lejos. No pasa nada, permanece. Recuerda que la oración no siempre requiere palabras ni trae experiencias místicas a cada instante; la oración, y mucho más en tiempos de crisis, probablemente sea un espacio de silencio y un profundo acto de entrega, un «aquí estoy», incluso cuando no sabemos qué decir. No lo dudes, en ese silencio Dios sugiere al corazón algunas intuiciones sobre cómo afrontar el momento oscuro que vivimos.

Sirviéndonos de la oración, estaremos más capacitados para un verdadero discernimiento en tiempos de tormenta interior. Dice San Ignacio de Loyola que, «en tiempo de desolación, no hacer mudanza» (ed. 2011). Es decir, en los momentos de oscuridad interior, no es bueno tomar decisiones precipitadas ni actuar sin haber dejado espacio para la quietud y el discernimiento. Una crisis debe obligarnos a detenernos y a preguntarnos hacia dónde estamos dirigiendo nuestra vida y hacia dónde la queremos dirigir. A menudo, nos vemos atrapados en la rutina diaria, tomando decisiones automáticas sin detenernos a reflexionar sobre el propósito detrás de ellas, pero las crisis rompen esa inercia, y nos exigen reconsiderar lo que estamos haciendo y por qué lo estamos haciendo; nos reclaman un tiempo de calidad para el discernimiento.

Como habrás podido intuir, por las muchas veces que me he remitido a este concepto, **el discernimiento es una práctica clave en la vida espiritual. Nos ayuda a separar lo esencial de lo superfluo y nos permite encontrar un nuevo sentido de dirección, una mayor claridad sobre nuestra misión en la vida.** Este discernimiento no siempre es fácil y, ni mucho menos, se atraviesa «gratis». El discernimiento cuesta parte de nuestra propia vida porque, en ocasiones, gracias a él y a la oración, nos sentiremos llamados a iniciar un camino nuevo, distinto del que estábamos recorriendo. El discernimiento a la luz de la fe nos ayudará muchísimo a la hora de afrontar decisiones vitales y difíciles que requieren de una fortaleza extraordinaria, especialmente en aquellos casos que suponen un renacer, un recomponer la vida entera.

Cuando un proyecto vital parece haber llegado a su fin, la existencia entera se pone en estado de «tragedia». Es en ese momento cuando debemos dejar espacio consciente para el discernimiento y pedir a Dios en la oración toda la luz necesaria para tomar decisiones verdaderamente maduras. Si una crisis se atraviesa con estas herramientas, las decisiones dan más fruto del que esperamos. En ocasiones, un proyecto existencial en el que se ha sido feliz puede volverse insostenible e insoportable por múltiples razones, internas o externas; lo importante en ese caso es no tomar decisiones precipitadas, afrontar con valentía lo que Dios sugiera al corazón y abrazar con agradecimiento lo vivido hasta ese momento sin dejar espacio al rencor, el reproche o el resentimiento.

Dicen que «Dios aprieta, pero no ahoga». Dios no te va a pedir un imposible, ni una fidelidad deshumanizadora. Dios te quiere feliz y te gritará al corazón dónde y cómo puedes serlo plenamente, aunque eso suponga romper con tu vida anterior. Creo que ya lo dije más arriba, pero lo repito ahora: **fidelidad, sí, pero no a costa de la felicidad. La felicidad y la paz interior son los mejores marcadores para evaluar si una decisión está o no alineada con la voluntad de Dios.**

Ten en cuenta también que, en esos momentos de crisis, aparece de forma natural el miedo porque tememos lo desconocido, tememos perder lo que tenemos y quedarnos sin nada, tememos no ser lo suficientemente fuertes para soportar el dolor, tememos el juicio de los demás... Sin embargo, debemos superar ese miedo, apoyándonos solo en el juicio de nuestra propia conciencia y en el de la voluntad de Dios. La Palabra de Dios repite hasta en trescientas sesenta y cinco ocasiones la expresión «no tengas miedo», casualidad o providencia de Dios, coincide con los días del año. ¡Feliz coincidencia! **Todos los días de nuestra vida Dios nos dice al corazón «no tengas miedo». Incluso en medio de la noche más oscura, Dios nos sostiene.**

Lección 24:
La soledad no deseada

En algún momento de nuestra vida todos los seres humanos hemos experimentado aislamiento, desconexión o vacío. No todas esas experiencias responden a los mismos patrones de conducta ni tienen en nosotros las mismas consecuencias. Hay una diferencia fundamental entre el hecho de elegir voluntariamente experimentar esos espacios o, por el contrario, vernos abocados a ellos en contra de nuestra voluntad. La soledad no deseada que afecta por desgracia a una gran parte de la población adulta y anciana supone un peso doloroso para muchos, una carga emocional que no siempre es fácil de gestionar.

Déjame subrayar la expresión «no deseada», porque aquí voy a presentar la realidad de aquellos que quieren y desean compartir la vida con otra persona, pero no pueden porque esa persona no aparece en sus vidas o por cualquier otra circunstancia. Queda claro entonces que hablaré, al menos al principio, de la soledad como herida desde la perspectiva de aquellos que la «sufren» y no desde la perspectiva de aquellos que la «eligen» voluntariamente como una opción de vida, lo cual es una opción vocacional maravillosa como otra cualquiera. Desde la perspectiva de la herida encontramos, por ejemplo, a los solteros que desean contra viento y marea compartir la vida con alguna persona formando una familia y no la encuentran, o a los ancianos que no son cuidados ni visitados por sus familiares.

Lo primero que quiero subrayar es que la soledad entendida en su sentido más existencial no es una dimensión exclusiva de los solteros o de los ancianos, sino que forma parte de la condición humana. Incluso aquellos que están rodeados de familia, amigos, compañeros de trabajo o, incluso de Dios, experimentan la fuerza y la tragedia de la soledad. Por muy bien rodeados que nos encontremos, siempre habrá espacios, caminos, dudas, retos o lugares que hemos de conquistar solos. El proyecto de vida, la crisis, la enfermedad o la muerte son algunos de esos espacios: por mucho que me amen, nadie puede recorrer mi propio camino vital, nadie vive en primera persona mis crisis interiores, nadie enferma por mí o nadie muere en mi lugar; soy yo el que se muere, el que enferma, el que afronta una crisis, el que vive y el que ama. En este sentido, el sentimiento de soledad no depende únicamente de la presencia o ausencia de otras personas, sino de la forma en que nos relacionamos con nosotros mismos, con los demás y con Dios. Puedo estar muy rodeado de gente y sentirme profundamente solo.

Ante esta experiencia, lo primero será reconocer que nos afecta a todos en mayor o menor medida y, lo segundo, abrazar esta realidad para reconciliarnos con ella y aceptarla. La canción «Puede ser» de 2002, una colaboración entre Amaya Montero y El Canto del Loco, manifiesta una verdad muy dura pero muy real: «naces y vives solo». Cuanto antes nos reconciliemos con esta verdad, antes dejaremos atrás las actitudes de amargura, desgracia y resentimiento que tantas personas albergan en el corazón y que tanto les dificulta disfrutar de la vida. Más allá de todas las personas que nos quieren, que son reales y nos manifiestan su amor, lo cierto es que cada uno debemos recorrer nuestro propio camino en solitario. ¿O no? La luz de la fe nos dirá que nunca estamos solos porque Dios nos acompaña. Si quieres, vamos a llamarlo así: soledad, sí, pero de la mano de Dios.

En el caso de los solteros adultos que se encuentran en una situación de soledad «sufrida», no deseada, doy fe de que supone una inquietud extrema para muchos. En una cultura que valora el encuentro en el amor de pareja como un ideal de realización personal, los solteros a menudo se sienten marginados o fuera de lugar. Aunque suenen fuertes, solo traigo a colación expresiones que he oído a algunas personas que sufren esta realidad. Piensan que les falta algo esencial para sentirse realizados y que, por tanto, están abocados a ser infelices, sobre todo si han cumplido cierta edad y siguen sin encontrar pareja. Sin embargo, es crucial recordar que la soltería no es una condición inferior, ni es sinónimo de fracaso personal. La soltería también puede abrazarse como una vocación preciosa, un camino de vida en el que se descubre que se puede dar fruto de otro modo, acaso menos convencional. Por ejemplo, puede ser el espacio perfecto para potenciar la creatividad o para lanzarse al servicio a los demás con una libertad mayor. Los frutos de esa persona no serán los hijos (o sí, si recurre a la adopción), sino sus obras, entendidas como sus acciones y, también, como sus creaciones.

La clave para vivir la soltería con paz y plenitud está en cambiar la perspectiva. En lugar de mirarla como una falta y de obsesionarse con la búsqueda del amor, puede verse como una oportunidad para descubrir quiénes somos realmente, sin depender de otra persona para definir nuestra identidad. ¡Cuidado con buscar algo de nosotros en otra persona! Si se encuentra, estupendo, pero, si no, la vida no depende de ello, porque cada uno tenemos ya todo lo que necesitamos para ser felices. Cuando la obsesión por la búsqueda deja paso a la vida apasionada, entonces el amor llegará si tiene que llegar; y si no llega, la pasión por vivir no se ve afectada. Todo esto no significa que no sea difícil dar el paso de una perspectiva a otra; todos tenemos una necesidad natural de comunidad y de compañía, y es normal el deseo de compartir la vida con alguien, pero, mientras ese encuentro llega, o no, el desafío está en aprender a estar a gusto con uno mismo y «a solas con quien sabemos que nos ama», Dios. Además, esto posibilita que la persona encuentre nueva alegría en las relaciones que ya tiene (amistad, familia, comunidad) y se decida a vivir con una apertura especial hacia el servicio a los demás.

En el caso de los ancianos, la soledad puede adquirir una dimensión diferente. A menudo, la soledad les sobreviene después de haber amado y compartido la vida con otra persona y de haber vivido etapas de grandes encuentros en casa en torno a ellos. De repente se encuentran solos, sin su pareja de toda la vida, sin la visita de sus familiares y sin el revuelo de los nietos que un día llenaba sus casas. En este contexto he oído a muchas personas mayores que se sienten olvidadas por la sociedad o por sus propias familias. En muchos aparece también el sentimiento de «ya no ser necesarios» que les provoca una gran tristeza y un sentido de abandono en el final de su vida.

Por el contrario, la fe nos enseña que la ancianidad no es una etapa de decadencia, aunque el cuerpo manifieste lo contrario. Es una etapa de plenitud de la vida porque se lleva sobre los hombros el testimonio de una historia realizada. Los años vividos no son una carga, sino una fuente de sabiduría y de experiencia para los más jóvenes, incluso cuando la memoria ya no sea el principal valor de la persona. Su sola presencia entre nosotros vale más que su memoria, porque es el testigo de un camino recorrido lleno de sufrimientos, alegrías, sueños y esperanzas. Pero, además, aunque el cuerpo se debilite, el espíritu tiene la capacidad de crecer y de hacer crecer a cuantos estén a su lado.

Un verdadero discípulo reconoce que él también será anciano en algún momento de su vida y que necesitará apoyarse en otras personas para alimentarse, para vestirse o para asearse. Por eso permite que los ancianos ocupen un lugar especial en su vida. Ellos son los pilares que sostienen la sabiduría y el misterio de la sangre compartida. **Como personas de fe, aquellos que recorren su propio itinerario espiritual están llamadas a cuidar y acompañar a los ancianos, reconociendo su dignidad y valor no por lo que ahora puedan hacer, sino por lo que hicieron y, sobre todo, por lo que siguen siendo en el presente.**

Las personas mayores que llegan a la ancianidad con conciencia y con uso pleno de sus facultades, pero que se ven rodeadas de soledad, pueden aprovechar esta etapa y esa circunstancia para su propio crecimiento espiritual y para servir a la sociedad de otro modo. Aunque la soledad no deseada en la ancianidad puede ser dolorosa, se puede transformar en una oportunidad para profundizar en la vida interior. En la tradición cristiana muchos santos y místicos encontraron en la soledad el espacio perfecto para un encuentro más íntimo con Dios. ¡Cuántas personas mayores tienen el único consuelo de saberse acompañadas por Dios y por la comunidad cristiana que las cuida con su oración o con sus visitas! En estos casos, y en tantos otros, la comunidad salva, porque tiene en sí misma la vocación de ser un espacio de acogida y apoyo para aquellos que viven al margen del camino, para los que experimentan soledad o para los que son olvidados, ofreciendo un espacio de amistad, compañía y amor.

Como puedes comprobar, en medio de la incertidumbre de la soledad es posible encontrar horizontes de esperanza porque **uno de los mayores regalos que nos ofrece el don de la fe es la certeza de que nuestra vida tiene un propósito que trasciende nuestras circunstancias externas. Somos amados por Dios tal como somos, solteros, ancianos, solos o acompañados.** En ese amor y en nuestra sana autoestima está la base de nuestra identidad y de nuestra plenitud. No necesitamos de otra persona para validar nuestra existencia, Dios ya nos ha dado ese valor desde el momento en que fuimos soñados por él.

Quizá pueda servirnos para terminar esta lección saber que se puede aprender a estar solos. No se trata de resignarse a la soledad, sino de encontrar en ella un espacio de paz y un propósito para vivir. **Estar solo no significa estar aislado, sino en sintonía con nuestra verdad interior, con el ejercicio de nuestros talentos y con el deseo profundo de amar y servir al prójimo, a todo prójimo.**

Lección 25:
La enfermedad

En algún momento de nuestra vida, más comúnmente en la vida adulta y en la ancianidad, todos nos enfrentamos a la fragilidad de nuestro cuerpo. En algunos casos, debido a la gravedad de la enfermedad, supone una interrupción repentina y violenta en el curso de la vida cotidiana porque altera las rutinas, afecta a los planes y nos confronta con el miedo y la incertidumbre de nuestra propia limitación. Sin embargo, la enfermedad también nos obliga a detener nuestras prisas, y nos regala un tiempo para mirar hacia dentro y preguntarnos por nuestra salud y, en definitiva, por nuestra vida.

La enfermedad pone delante de nuestros ojos una verdad que no siempre estamos dispuestos a abrazar: somos seres frágiles y necesitados. Vivimos en un mundo que valora mucho la fortaleza, la productividad y la autosuficiencia, pero la enfermedad nos recuerda que no somos tan omnipotentes como pensamos, somos vulnerables. Nuestro cuerpo, que en algunos casos puede parecer fuerte y robusto, en realidad es frágil y limitado: se fatiga, se hiere, envejece y enferma. Aceptar esta fragilidad no es fácil, pero resulta muy liberador.

Desde la fe, la fragilidad humana no es algo que debamos temer o evitar, sino algo que podemos abrazar con humildad: «Cuando soy débil, entonces soy fuerte» (2 Cor, 12, 10). Este aparente contrasentido es, en realidad, una profunda verdad espiritual. Es en nuestros momentos de mayor fragilidad, también física, cuando podemos descubrir una fuerza interior que no proviene de nosotros, sino de la presencia de Dios en nuestra vida. Él nos hace fuertes a pesar de nuestra debilidad. Nuestra fragilidad nos demuestra una vez más que no estamos llamados a ser autosuficientes, sino dependientes en el amor los unos de los otros. También nos enseña a reconocer que, aunque nuestro cuerpo pueda fallar, nuestra vida mantiene su dignidad intacta porque seguimos siendo hijos amados de Dios. Su amor por nosotros es eterno.

Por otro lado, aunque la enfermedad nos puede llevar a experimentar sufrimiento físico y emocional, también puede ser una oportunidad para la transformación interior porque nos lleva a una especie de «desierto» en el que no podemos escapar de nosotros mismos. En ese desierto interior podemos encontrar un espacio nuevo para conocernos mejor, para reevaluar nuestras prioridades en la vida y para profundizar en nuestra amistad con Dios. La enfermedad nos invita a vivir el presente con más plenitud, a dejar de lado las preocupaciones superfluas y a centrar nuestro esfuerzo en realizarnos como personas en el aquí y ahora. Nos recuerda que la vida no va de hacer mucho, sino de ser mucho.

La enfermedad, aunque a menudo se vive en soledad, también nos invita a recordar la importancia de la comunidad. Este reconocimiento de nuestra dependencia, como hemos tratado en lecciones anteriores, es, sin duda, un desafío en una cultura que valora tanto la autosuficiencia. Articular bien autosuficiencia y dependencia de los demás nos hace más humanos, porque podemos abrirnos a recibir la ayuda y el amor de los demás de una manera que antes no habíamos permitido. De algún modo nos enseña a no cerrar las puertas de nuestro corazón al amor y, por tanto, nos capacita para que ese mismo ejercicio podamos hacerlo un día con Dios, dejando que entre en nuestra vida.

La comunidad cristiana, por su parte, está llamada a acompañar la vida sufriente y enferma, no solo mediante los cuidados médicos, sino con presencia, oración y apoyo emocional. No por casualidad, acompañar a una persona enferma es una de las obras de misericordia que la Iglesia enseña a los discípulos de Jesús, es un verdadero acto de amor y de compasión por el prójimo, porque la solidaridad que se experimenta en el sufrimiento compartido fortalece los lazos humanos y nos recuerda que no estamos solos. De modo más concreto, la Iglesia propone este acompañamiento a través de los sacramentos, especialmente del sacramento de la Unción de los Enfermos. A través de este sacramento, que no se recibe «para morirse», sino para pedir a Dios que el enfermo «recupere la salud», los enfermos reciben la gracia de Dios para abrazar el sufrimiento con paz y fortaleza. Es importante que tengas presente que este sacramento se puede recibir tantas veces como sea necesario en la vida, siempre que se dé en el contexto de una enfermedad grave. Al contrario de lo que se piensa popularmente, no es un sacramento para recibir solo en el momento más cercano a la muerte, sino en todos los momentos de enfermedad que la vida pueda presentarnos. Más que la curación física, ofrece una curación espiritual profunda, una paz interior que sobrepasa el entendimiento y que nos permite afrontar con mayor entereza las etapas de enfermedad. Además, nos trae la certeza de que Dios está presente, acompañándonos en el dolor y sufriendo con nosotros.

Es necesario señalar en este momento que la experiencia cristiana no trata de glorificar el dolor ni buscar el sufrimiento en sí mismo, sino de aprender a encontrar sentido en medio de él. Es decir, nuestro sufrimiento no tiene valor en sí mismo, sino que, unido al sufrimiento de los demás y de Cristo en la cruz, se transforma en un acto de amor y de redención para la persona entera. Puede ser incluso un momento precioso para dar testimonio de la vida y de la fe que nos sostiene a pesar de la debilidad. La fe en medio de la enfermedad es un misterio que ilumina toda la existencia.

Al debilitarse nuestra fe, culpamos a Dios de nuestros males y pensamos que Dios está lejos o que ha dejado de escuchar nuestras oraciones. Sin embargo, más bien sucede lo contrario cuando afrontamos estas etapas con una fe fuerte: reconocemos que Dios está de nuestra parte y nos lleva de su mano porque él mismo pasó por el sufrimiento de la cruz. Eso nos consuela y nos llena de esperanza. No se trata de una esperanza ingenua que niega la realidad ni la verdad de la ciencia médica, sino la esperanza en la promesa de que Dios puede sacar vida incluso de las situaciones más difíciles. Aunque la curación física no siempre será posible porque somos seres limitados y finitos, dentro de un mundo igualmente limitado y finito, la curación interior sí está al alcance de nuestra vida espiritual, nos permite encontrar la paz, sentirnos reconciliados con el mundo y con Dios, y más fuertes en la enfermedad.

Además, es bueno tener presente que la confianza en Dios no excluye la confianza plena en los profesionales de la salud. Los médicos, enfermeras y cuidadores son un reflejo del amor de Dios hacia nosotros. En ellos podemos ver la providencia divina actuando a través del conocimiento, la ciencia y la medicina. Un modo de agradecer su servicio es aprender a no esperar soluciones ni milagros inmediatos, sino abandonarnos con paciencia a su criterio que será siempre más autorizado que el nuestro. La medicina, cuando está alimentada con el respeto a la dignidad humana, se convierte en una manifestación del cuidado y la custodia de la vida que Dios pide a sus criaturas. Por supuesto, abrirse a la confianza en los profesionales implica una actitud previa de humildad y de aceptación para dejar de lado nuestro control total y confiar en el proceso, en las decisiones de aquellos que tienen el conocimiento adecuado para ayudarnos.

En última instancia, la enfermedad nos recuerda que nuestra vida en la Tierra se acabará. En algunos casos, de hecho, la enfermedad es el preludio de la muerte y puede venir acompañada de temor o angustia. En ese momento hay que estar preparados también para asumir la enfermedad como una oportunidad que nos prepara espiritualmente para la vida eterna, nos permite reconciliarnos con nuestro pasado, con los demás y con Dios. De este modo, cuando la muerte llame a nuestra puerta, podremos decir con el corazón en paz, como Cristo, «todo se ha cumplido» y entregarnos con confianza a los brazos del Padre Bueno que nos amó, nos ama y nos amará eternamente.

LA META:

«PUERTA SANTA» DE LA ESPERANZA

Y llegamos a la meta, la «puerta santa» de la esperanza que todos estamos llamados a atravesar. El recorrido vivido cobra un sentido nuevo a la luz del final, que es al mismo tiempo el gran principio de nuestra vida plena. La luz de la fe nos ha permitido crecer durante el camino y superar terrenos abruptos; ahora, la misma luz ilumina el dintel de la puerta que inaugura nuestra felicidad definitiva.

La vida espiritual no debe omitir las dos cuestiones últimas que se plantean en las próximas páginas, sino anticiparse a ellas todo lo posible para dotarlas de sentido. Solo así, cuando nos encontremos irremediablemente ante ellas comprenderemos que solo al otro lado hallaremos la paz que tanto anhelábamos. La luz de la fe no se apaga al final del camino; al contrario, cobra más fuerza, se convierte en hoguera, en fuego viviente, en sol que alumbra todo cuanto existe y a nosotros mismos. Con su claridad nos descubrimos y gozamos de la verdad que hasta ese momento había permanecido velada.

En un acto de entrega y de servicio, atravesamos juntos la puerta de la esperanza que nos permite llenar de nueva luz nuestra vida cotidiana. El final es gozoso. ¡El banquete del reino donde los peregrinos danzan y festejan el logro de una vida realizada!

Lección 26:
El misterio de la muerte

La muerte es un misterio inevitable y se nos presenta a todos, tarde o temprano, como una pregunta llena de incertidumbres, de dolor, de distancia y de «porqués». Pero ¿no has pensado nunca que quizá nos rebelamos ante la muerte porque hay algo inscrito en nuestro corazón que reconoce que estamos hechos para la vida?

Para muchos, la muerte es algo temido, evitado o ignorado, un gran tabú, una realidad lejana a la que preferimos no mirar de frente. Sin embargo, todos sabemos que es una dimensión inevitable de nuestra condición humana y limitada, parte del ciclo de la vida y un destino común (no el último) de todo cuanto existe. **Desde la perspectiva cristiana la muerte no es un final, sino un paso, una puerta, un puente, un túnel, un estado... hacia algo más grande: la plenitud de la vida en Dios.**

A menudo, separamos la muerte de la vida, como si fueran dos realidades opuestas, pero forman parte de la misma y única realidad. La muerte posibilita la vida nueva y la vida nueva está destinada al paso de la muerte. No podemos vivir plenamente si no aceptamos con humildad que nuestra existencia en esta tierra tiene un fin que, desde el momento en que nacemos, comenzamos a caminar hacia la muerte, no como un destino trágico, sino como una parte natural de nuestra travesía humana que hemos de cuidar igualmente. La fe cristiana nos enseña que la muerte es una travesía, una transformación que el mismo Dios en la persona de Jesucristo ha atravesado porque en el momento de la cruz no evade la muerte, sino que la abraza para redimirla, para darle un nuevo significado lleno de vida. **La resurrección de Cristo es la promesa de que la muerte no es el final, y esta esperanza transforma completamente nuestra perspectiva vital.**

Un aspecto muy interesante que se nos sugería en las clases de Teología de la Muerte es que vivimos porque sabemos que nos morimos. Es decir, la conciencia de que nuestra vida se acaba nos empuja irremediablemente a vivir y a amar. Si no supiésemos de nuestro fin, decía nuestra profesora, probablemente tendríamos la tentación de posponer la vida y el amor; pero, porque me muero, deseo amar y vivir ya aquí, cuanto antes. Esto significa que la muerte también tiene su propio sentido y su propia luz para la vida humana. La muerte debe ser abrazada entonces como una realidad cercana y familiar.

San Francisco de Asís, en su célebre *Cántico de las criaturas*, se refiere a la «hermana muerte» con una expresión llena de sabiduría. La muerte, más que enemiga, es hermana de nuestra existencia, nos acompaña desde el instante de nuestra concepción, pues al tiempo que nacemos ya estamos muriendo, y aunque no la comprendamos del todo, nos ofrece un espacio de reconciliación con nuestra fragilidad. En línea con lo que aprendí en clase y con esta visión de San Francisco, aceptar la muerte como parte de la vida (que no significa desearla ni buscarla) nos invita a vivir con más plenitud el presente, porque saber que nuestro tiempo es finito nos impulsa a valorar más profundamente los momentos, las relaciones y las experiencias que vivimos. **Cuando aceptamos que la muerte es inevitable y que en algún momento vendrá a nosotros, dejamos de aferrarnos a lo que es pasajero, y aprendemos a disfrutar y a vivir con una mayor conciencia de lo que realmente importa.**

Otro de los aspectos más hermosos de la visión cristiana, e incluso de la visión biológica sobre la muerte, es que esta es posibilitadora de nueva vida. En la naturaleza misma vemos cómo la muerte permite el ciclo de la vida: las hojas que caen al suelo y se secan nutren la tierra, permitiendo que nuevas plantas crezcan y florezcan; una semilla seca durante años germina cuando se riega y se nutre; un gusano se teje en su huevo y «muere» para transformarse en una bella mariposa. Del mismo modo, en la vida espiritual, la muerte abre la puerta a la resurrección. La muerte se convierte en posibilitadora de vida porque sin ella, sin el paso por el umbral de la muerte, no se puede experimentar la plenitud de la vida eterna. La paradoja es que para vivir eternamente hay que morir de verdad y para morir es necesario haber vivido una existencia. Vida y muerte se besan. En esta línea, hay una idea que me parece muy sugerente y que espero tener presente el día de mi despedida de este mundo: **morir es permitir que otra realidad distinta a ti exista**. Esta verdad nos devuelve a un estado de humildad excepcional y nos permite elegir con paz un movimiento de «retirada» para que otros puedan existir; dejamos espacio para que Dios pueda continuar su obra en el mundo. Morir así es entregarse a Dios y, lo sabemos, toda entrega confiada a su voluntad trae frutos mejores, más plenos y verdaderos.

Nadie duda del peso doloroso y de incertidumbre que trae la muerte, pero la fe nos alumbra en medio de su oscuridad y nos permite contemplarla como un espacio misterioso que da sentido a la propia vida. Ese sentido se convierte en propósito cuando se abraza conscientemente y nos recuerda que nuestra vida no es solo una sucesión de momentos, sino una historia que construimos con cada elección que hacemos. Nunca mejor dicho: vivir nos cuesta la vida. Y morir nos enseña a vivir mejor, a soltar el apego a las cosas que son pasajeras, a invertir nuestro tiempo y nuestra energía en lo que perdura. **La vida cobra un nuevo sentido cuando entendemos**

que cada día cuenta y que cada acto de bondad en nuestra vida tiene un valor de eternidad.

En aquellas clases interesantísimas aprendí también que el ser humano puede ejercer dos derechos fundamentales ante el misterio de la muerte: el derecho a llorar y el derecho a vivir con esperanza. El primero lo comparte toda la raza humana que experimenta un dolor real ante el duelo de la pérdida. Este dolor es necesario y humano porque sentimos la ausencia de la persona a la que hemos amado, su partida nos deja un vacío real. En este sentido, el llanto no es una señal de debilidad, sino de amor. Dios también llora la muerte de sus hijos. Con él nosotros lloramos porque hemos amado, porque hemos compartido sueños, risas o riñas y, ahora, en la ausencia, reconocemos lo valioso de esa relación. Jesús mismo lloró ante la tumba de su amigo Lázaro, mostrándonos que el duelo es una parte integral de nuestra experiencia humana y espiritual. El derecho a llorar es, en definitiva, el derecho a expresar nuestro dolor y a permitirnos sentir la pérdida, sin necesidad de esconder nuestras emociones.

Pero existe otro derecho al que se acogen especialmente las personas con fe: vivir con esperanza. Aunque el duelo es natural, la fe nos invita a no quedarnos atrapados en el dolor. La esperanza en la vida feliz que ahora goza nuestro ser querido y en el reencuentro en la vida futura nos permite mirar más allá de la muerte y vivir con la confianza de que nuestro familiar «solo ha pasado a la habitación de al lado», como dice el famoso texto anónimo y contemporáneo que circula por la red y que se atribuye erróneamente a San Agustín. La esperanza es la certeza de que, aunque el dolor de la separación es real, Dios nos espera al otro lado de este misterio, ofreciéndonos una vida nueva y plena en su presencia. La esperanza no niega el dolor, lo abraza y lo trasciende, y permite ver luz donde aparentemente solo hay oscuridad. Esto no solo es un consuelo para los que se quedan aquí, sino una fuerza extremadamente transformadora para aquellos que están cerca de su propia muerte, permitiéndose a sí mismos una muerte en paz, porque saben que la vida que han vivido no termina en un vacío, sino en un encuentro definitivo en el amor.

Como ejercicio conclusivo para esta lección te propongo una lectura pausada y meditada de los siguientes textos. ¡Que aproveche!

> Muerte no te enorgullezcas,
> aunque algunos te llamen poderosa y terrible,
> puesto que nada de eso eres;
> porque todos aquellos a quienes creíste abatir no murieron,
> triste muerte,
> ni a mí vas a poder matarme,
> esclava del hado,
> la fortuna, los reyes y los desesperados,
> si con veneno, guerra y enfermedad y amapola o encantamiento
> se nos hace dormir tan bien y mejor que con tu golpe,
> de qué te jactas,
> tras un breve sueño despertamos a la eternidad y
> la muerte dejará de existir,
> muerte morirás.
> (John Donne, ed. 2007)

La muerte no es nada, solo he pasado a la habitación de al lado. Yo soy yo, vosotros sois vosotros. Lo que somos unos para los otros seguimos siéndolo. Dadme el nombre que siempre me habéis dado. Hablad de mí como siempre lo habéis hecho. No uséis un tono diferente. No toméis un aire solemne y triste. Seguid riendo de lo que nos hacía reír juntos. Rezad, sonreíd, pensad en mí. Que mi nombre sea pronunciado como siempre lo ha sido, sin énfasis de ninguna clase, sin señal de sombra. La vida es lo que siempre ha sido. El hilo no se ha cortado. ¿Por qué estaría yo fuera de vuestra mente? ¿Simplemente porque estoy fuera de vuestra vista? Os espero; no estoy lejos, solo al otro lado del camino.

¿Veis? Todo está bien. No lloréis si me amabais. ¡Si conocierais el don de Dios y lo que es el Cielo! ¡Si pudierais oír el cántico de los Ángeles y verme en medio de ellos! ¡Si pudierais ver con vuestros ojos los horizontes, los campos eternos y los nuevos senderos que atravieso! ¡Si por un instante pudierais contemplar como yo la belleza ante la cual todas las bellezas palidecen!

Creedme: cuando la muerte venga a romper vuestras ligaduras como ha roto las que a mí me encadenaban y, cuando un día que Dios ha fijado y conoce, vuestra alma venga a este Cielo en el que os ha precedido la mía, ese día volveréis a ver a aquel que os amaba y que siempre os ama, y encontraréis su corazón con todas sus ternuras purificadas. Volveréis a verme, pero transfigurado y feliz, no ya esperando la muerte, sino avanzando con vosotros por los senderos nuevos de la luz y de la vida, bebiendo con embriaguez a los pies de Dios un néctar del cual nadie se saciará jamás.

(Anónimo)

Lección 27:
El más allá

Con esta última lección de nuestro viaje espiritual abrimos los ojos hacia ese horizonte, oscuro y luminoso al mismo tiempo, que está más allá de la muerte, de nosotros mismos, que supera nuestros sentidos y nuestra lógica, pero que configura misteriosamente la existencia humana. El más allá es la promesa que da sentido al más acá, a nuestra vida cotidiana y a nuestra peregrinación por este mundo.

Desde tiempos inmemoriales, los seres humanos han sentido el anhelo de eternidad como un deseo inscrito en lo más profundo del corazón, como si algo en nosotros supiera que la vida no se limita a la realidad visible. En todas las culturas y, por supuesto, en todas las religiones, encontramos mitos, antropogonías, cosmogonías, creencias y ritos que tratan de dar razón de la esperanza en una vida eterna que perdura más allá de la muerte; vida llena de luz, de gozo y de amor; vida junto a Dios, que es Amor; vida resucitada, plena y feliz.

La experiencia de la fe nos recuerda a cada paso que no estamos destinados a desaparecer en el olvido, sino a vivir para siempre en la presencia de Dios, en una comunión con él y con los demás que sobrepasa cuanto podemos imaginar. Para muchas personas esto es un simple mecanismo de la conciencia humana que se revela ante la posibilidad de morir y se inventa esta dinámica para su propio consuelo. Sin demonizar esta visión ni considerar a las personas sin fe una amenaza, más bien creo que su propuesta se convierte para nosotros, personas con fe en camino, en una oportunidad preciosa para anotar dos certezas.

La primera de ellas: suponiendo que sea una creación de la conciencia humana para tranquilizarnos ante la muerte... ¿qué problema hay? Acaso no es sabia la conciencia que nos permite intuir que no estamos hechos para la muerte, sino que hay algo más allá. ¿No nos sugiere la conciencia sabiamente de manera innata otros aspectos de la vida? ¿Por qué no hacerle caso en esta dimensión, empeñándonos en llenar de lógica humana y de ciencia un espacio que, por definición, no lo tiene? Si Dios ha puesto en nosotros la sed de eternidad, ¿por qué no buscar los espacios que la sacian? Si solo los seres humanos nos sentimos urgidos ante el misterio del más allá, ¿no será que ejercer el poder de orientarnos hacia ese misterio nos hace más humanos? La segunda: evidentemente, sin experiencia de Dios, sin el recorrido que hemos presentado en este libro desde sus primeras páginas, estas preguntas se convierten en una misión imposible, inexplicable y sin sentido. Está claro que para abrirse a la posibilidad de un más allá, primero hay que haber dejado la puerta abierta a lo eterno en nosotros. Primero hay que acercarse a Dios y permitirle entrar en nosotros, conocerlo y enamorarse de él. ¿Recuerdas? «Enamórate de Dios y lo entenderás todo», incluida la realidad del más allá. Si este primer movimiento de apertura y de confianza, que es el movimiento de la fe en nosotros, no se da, no tiene sentido preguntarse por el más allá. Siendo así, tampoco podemos juzgar a cuantos viven con esa falta de luz espiritual, porque no han experimentado ya aquí en esta tierra que la vida eterna es posible y transforma nuestra vida cotidiana.

Quiero detenerme en esta última idea. Pensar que la vida terrenal es una preparación para la eternidad no significa restarle valor, sino todo lo contrario. Llenarla de un sentido profundo. En esta vida no comprendemos plenamente el lado de Dios porque escapa a nuestras coordenadas de tiempo y de espacio. Dios está más allá de ellas y solo en ese más allá se nos revelará completamente lo que «ahora solo vemos como en un espejo, oscuramente; pero entonces veremos cara a cara» (1 Cor 13, 12). Desde esta perspectiva sobre el más allá, el más acá se llena de luz: cada acto de amor, cada gesto de compasión, cada sacrificio que hacemos aquí anticipa la vida en Dios y nos prepara para la comunión perfecta con él. No hay que esperar al Cielo para amar, ya aquí podemos anticipar el amor del Reino. Esto supone una llamada fuerte a vivir conscientemente, con la mirada puesta en el horizonte de lo que esperamos.

¿Y qué esperamos? La vida eterna. Existir. Amar eternamente y no en soledad. La vida eterna no es un estado de aislamiento, sino la común-unión perfecta con Dios y con todos aquellos que han caminado antes que nosotros en la fe. La esperanza en el más allá no es solo una esperanza individual, sino profundamente colectiva y comunitaria. En el más allá nos reencontramos con las personas a las que hemos amado. Ya no estaremos limitados por nuestra materia, sino que toda nuestra persona alma y cuerpo se transforma en un modo nuevo de existir que en teología se llama «alma y cuerpo glorioso». Alma, sí, pero cuerpo también. Nuestro cuerpo glorificado no estará limitado por el tiempo ni por el espacio, pero nos permitirá reconocernos y abrazarnos en el amor compartido.

La experiencia de la fe nos anticipa que no solo nuestras almas vivirán eternamente, sino que, en el día final, resucitaremos en cuerpo y alma. No existe dualismo alguno. El dualismo que margina la realidad corporal no forma parte de la experiencia cristiana más genuina. Esta afirmación es crucial porque reconoce que, en el contexto de la fe, no somos seres puramente espirituales, sino que nuestra identidad está profundamente ligada a nuestra corporalidad.

No seremos absorbidos en una especie de energía impersonal, sino que mantendremos nuestra identidad, transformada y glorificada, pero íntegra. Esto nos recuerda, en definitiva, que en el más allá no acontece una disolución de lo que somos, sino, precisamente, una glorificación de lo que somos, la plenitud de nuestra identidad liberada de toda etiqueta, de todo peso, de toda enfermedad, de toda amargura y de toda oscuridad. **La plenitud de la vida eterna es una experiencia total, y esto lo sabemos «por lo que hemos visto y oído» en la persona de Cristo, en quien creemos.**

Por último, nuestra fe nos enseña que la experiencia del más allá la realizaremos en un «estado» de cielo, que no es un lugar ni un tiempo. Es un estado de comunión y de relación interpersonal, donde el amor, la paz, la belleza, la verdad, el bien... nos mostrarán su rostro último y definitivo: el rostro de Dios. Eso es el Cielo. Amén.

Si has llegado hasta aquí, habrás tomado conciencia de cómo el más allá es la gran puerta que nos posibilita vivir aquí con una profunda esperanza. Una puerta que Cristo ha cruzado antes que nosotros y que ha dejado abierta para que también la atravesemos cuando llegue nuestra hora. Ya lo habrás intuido: la resurrección de Jesús es el fundamento de nuestra esperanza porque, si Dios resucitó a Cristo, «también nos resucitará a nosotros» (1Cor 6,14) y, si Cristo no ha resucitado, «vana es nuestra fe» (1Cor 15,14). Pero, además, esta esperanza nos invita a vivir con alegría y confianza. No tenemos que temer lo que vendrá después, porque es cosa de Dios. ¿Puede el Padre Bueno cerrarnos las puertas de su Reino? Lo que sabemos, creemos y afirmamos es que «Dios quiere que todos sus hijos se salven» (1Tim 2,4). Él nos invita a todos al banquete de su Reino. Dios es Amor.

CONCLUSIÓN

¡Gracias por haberme dejado caminar a tu lado! Al terminar nuestro itinerario, el corazón reconoce que hemos andado por valles oscuros y por praderas luminosas, que hemos atravesado juntos mareas y tormentas, pero, también, espacios en calma con posibilidades reales de paz interior. Sin embargo, atravesar la «puerta santa» no supone, de ningún modo, haber llegado a la meta definitiva.

El camino de la fe está siempre en construcción, ¿recuerdas? Esta meta es solo el inicio de un nuevo camino que habrás de recorrer durante toda la vida y en el que volverás muchas veces al punto de partida. Volver al inicio significará entonces la posibilidad de renovar el amor primero, de apasionarte una vez más con lo que un día te hizo caminar. Significará reconocer que la misma sed que te empujó a comenzar te sugiere ahora un nuevo recorrido. Y, así, volverás a ser niño, adolescente y adulto tantas veces como el corazón esté dispuesto a adentrarse en el camino de la vida a la luz de la fe.

Espero haberte ayudado a reconocer que el don de la fe no nos sirve solo para poner la mirada en las cosas de «lo alto», sino, sobre todo, para hacer posible el Reino de Dios, que es reino de amor, de justicia, de paz y de perdón en nuestra vida cotidiana. La fe nos ayuda de alguna manera a adelantar ya, aquí y ahora, el gozo de lo que viviremos en la vida futura amando y sirviendo.

¡Gracias por tu valentía y por tu deseo de búsqueda! Estamos en la misma barca.

Nos vemos en el camino de la vida… y, si no, en la fiesta del Reino. ¡Abrazos!

REFERENCIAS BIBLIOGRÁFICAS

AA. VV. *Catecismo de la Iglesia católica*, Boadilla del Monte, PPC Editorial, 2005.

Done, John, *Canciones y sonetos*, Madrid, Cátedra, 2007.

Francisco, Papa, *Evangelii Gaudium*, Madrid, San Pablo, 2013a.

Francisco, Papa, *El verdadero poder es el servicio*, Madrid, Publicaciones Claretianas, 2013b.

Francisco, Papa, *Laudato Si. Sobre el cuidado de la casa común*. Getafe, Edibesa, 2015.

Francisco, Papa, *Fratelli Tutti. Todos hermanos*, Madrid, San Pablo, 2020.

Francisco, Papa, *Dilexit Nos. Sobre el amor humano y divino del corazón de Jesucristo*, Pamplona, Verbo Divino, 2024.

Juan Pablo II, Papa, *Centessimus Annus*, Madrid, San Pablo, 1991.

Juan Pablo II, Papa, *Fides et Ratio*, Madrid, Ediciones Palabra, 2006.

Kierkegaard, S., *El concepto de la angustia*, Madrid, Alianza Editorial, 2013.

Moltmann, J., *Dios en la creación*, Salamanca, Sígueme, 1987.

Montes, D. M., *Talento y esfuerzo en ESO y bachillerato. Notas para una pedagogía de síntesis*, Madrid, El Perpetuo Socorro, 2021.

San Alfonso M.ª de Ligorio, *Todo por amor: El amor divino, Trato familiar con Dios, Conformidad con la voluntad de Dios*, Madrid, El Perpetuo Socorro, 1994.

San Ignacio de Loyola, *Ejercicios espirituales*, Madrid, San Pablo, 2011.

San Juan de la Cruz, *Obras completas*, Madrid, (ed. Pacho, E.), Monte Carmelo, 2007.

Santa Teresa de Jesús, *Obras completas*, Madrid, (ed. Álvarez, T.)., Monte Carmelo, 2017.

Santa Teresita del Niño Jesús, *Obras completas*, Madrid, Monte Carmelo, 1964.